BALONCESTO

NEUROCIENCIA APLICADA A LA CONDUCCIÓN

Concepto y 50 tareas para su entrenamiento

Grupo IAFIDES

Título: BALONCESTO. NEUROCIENCIA APLICADA A LA CONDUCCIÓN. CONCEPTO Y 50 TAREAS PARA SU ENTRENAMIENTO
Autor: GRUPO IAFIDES
Corrección del texto: MANUELA CASTILLO SOLER

Editorial: WANCEULEN EDITORIAL
Sello Editorial: WANCEULEN EDITORIAL DEPORTIVA

ISBN (Papel / edición blanco y negro): 978-84-18682-09-4
ISBN (Papel / edición color): 978-84-18682-07-0
ISBN (e-book / edición color): 978-84-18682-08-9

DEPÓSITO LEGAL: SE 142-2021

Impreso en España. 2021

WANCEULEN S.L.
C/ Cristo del Desamparo y Abandono, 56 - 41006 Sevilla
Dirección web: www.wanceuleneditorial.com y www.wanceulen.com
Email: info@wanceuleneditorial.com

ÍNDICE

INTRODUCCIÓN

En la iniciación al mundo del entrenamiento es muy usual intentar encontrar una receta o una fórmula que resuelva nuestras necesidades y que cubra las posibles lagunas que tengamos en nuestro conocimiento o en nuestra capacidad.

La complejidad y diversidad del juego hacen que haya que tener un conocimiento del mismo para su enseñanza y para su aprendizaje en algunos casos.

Este libro con tareas no pretende ser una respuesta matemática a las necesidades que pueda tener un entrenador para encontrar soluciones a los problemas que se le planteen. La intención es poder manejar recursos, adaptarlos a nuestra realidad de entrenamientos y que puedan introducirnos y orientarnos a conseguir en el entrenamiento los objetivos pretendidos.

He reducido el uso de material para simplificar y poder llegar a cualquier nivel de recursos y que puedan ser llevadas a cabo en cualquier realidad, sin necesidad de unos materiales que dificulten su realización.

Existen distintos tipos de tareas para la mejora del dominio colectivo de cualquier medio que queramos que nuestro equipo maneje durante el desarrollo de los partidos. Atendiendo a la metodología empleada, la duración, los espacios, el número de jugadores... pueden variar para satisfacer nuestro modelo de juego.

A continuación, seleccionaré distintas tareas, desde las más simples a las de mayor complejidad, para poder aplicar los beneficios de la neurociencia a la conducción del balón dentro de las tareas y que puedan formar parte de distintos modelos de juego ya que, atendiendo a las pretensiones de cada entrenador y a la metodología a emplear, cada uno debe introducirlas donde considere oportuno. Estas tareas carecen de un contexto y de una estrategia operativa, para los cuales necesitarán adaptación por parte del entrenador a todas las variables que crea que pueden tener incidencia en el desarrollo del juego de su equipo y a las características del mismo.

En este libro se indicarán el número de jugadores y la división y distribución de los espacios. No obstante, para que la tarea se adapte a cada equipo, estado físico de los jugadores, modelo de juego y metodología, cada entrenador la deberá adaptar en cuanto a metros las distancias, los espacios e incluso en número de jugadores en algunos casos para tener un mejor desarrollo con su equipo.

Las tareas no tendrán límites de contactos para conseguir nuestro objetivo, ya que habrá jugadores que necesiten o decidan utilizar un número mayor por necesidades del juego, por condiciones técnicas o por condicionantes físicos de desarrollo. No obstante, al ser tareas abiertas, el entrenador podrá condicionarlas si lo cree necesario u oportuno para conseguir los beneficios pretendidos conociendo la realidad a la que las va a exponer.

LA CONDUCCIÓN EN BALONCESTO

La conducción del balón en baloncesto está considerada como la acción técnica que consiste en transportar el balón de una zona a otra del campo botando el balón como permite el reglamento, realizando contactos sucesivos y manteniendo el control sobre el balón.

Durante la conducción de balón se puede botar más alto o más bajo, mas rápido o más lento, en una dirección u otra o a mayor o menor velocidad para llevar el balón por el campo y eludir o alejarlo de los a los adversarios

Existen múltiples "consejos" o directrices para realizar una correcta conducción de balón atendiendo a aspectos o "recetas" propias de los entrenadores para una correcta ejecución que obligan al jugador a una reflexión durante el juego, que no te permite el tiempo, el espacio y la realidad cambiante del juego.

La neurociencia es un área científica que estudia del sistema nervioso en todo su ámbito. La neuroeducación es la aplicación de la neurociencia al aprendizaje y estudia cómo funciona el sistema nervioso cuando aprendemos. La neurociencia educativa estudia el proceso por el que nuestro cerebro aprende basándose en la genética, el entorno y la experiencia, junto con los procesos cognitivos y emociones y, además, estudia qué sentimientos influyen en el aprendizaje.

Hay una tendencia educativa muy fuerte afianzada en estos conceptos y cada día se ve más reflejada en la enseñanza del deporte, aunque que mal entendida puede llevar a errores y a no conseguir los resultados pretendidos.

El proceso de la toma de decisión es:

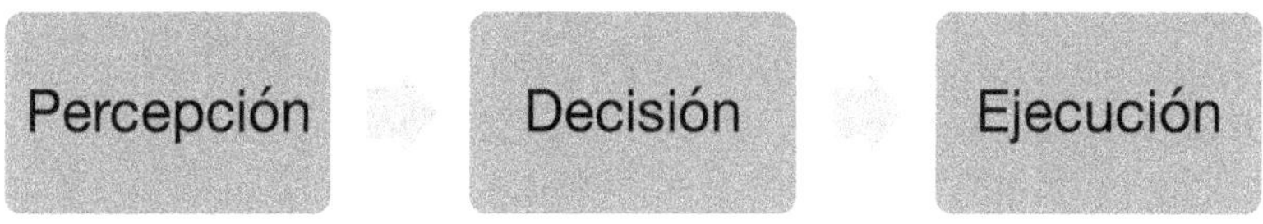

Pero en deportes como el baloncesto, en el que se toman muchas decisiones en cada acción, la realidad es cambiante y el jugador está sometido a estrés competitivo en su desarrollo y aprendizaje (aparecen la testosterona y el cortisol) y el mecanismo de nuestro cerebro tiene que responder a las distintas situaciones sin posibilidad de pensar cuál es la mejor solución. La experiencia y el control de las emociones hará que el mecanismo sea:

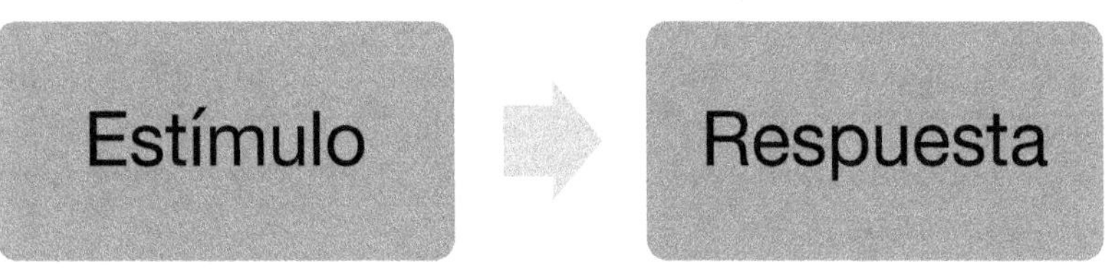

Entenderemos por estímulo la percepción de lo que está sucediendo usando los sentidos para decidir con mayor pericia, pero sin la posibilidad de reflexionar para dar una respuesta.

El foco de atención hay que ponerlo en lo importante y ser selectivo, esa capacidad es importante para el desarrollo de los jugadores.

Para desarrollar la neuroplasticidad se necesita de distintos tipos de memoria:

- Memoria declarativa: capacidad de recordar eventos, números, estímulos sensoriales y relatorios.
- Memoria de procedimiento: capacidad de ejecutar acciones motoras complejas aprendidas con anterioridad.

Los entrenadores tenemos que buscar desarrollar una inteligencia resolutiva.

Cualquier acción requiere una interpretación de lo que está sucediendo, pero no puede ser reflexiva. No existe tiempo para valorar. Si el jugador se para a reflexionar y a valorar perderá cualquier tipo de ventaja que pueda tener ante una situación determinada. Los entrenadores tenemos que darles herramientas para que su ejecución sea eficaz y para que el jugador sea eficiente. Digo eficaz porque para la conducción del balón son igual de válidos los contactos con una superficie o con otra (siempre que lo permita el reglamento).

El jugador de baloncesto tiene que estar en condiciones óptimas para competir y poder rendir durante los partidos. Si un jugador pierde el balón durante una conducción no sólo tiene que ser porque sea malo técnicamente o porque no lo haya ejecutado bien; puede ser porque se puso nervioso ante la presión del rival y se precipitó, porque el rival no le dejó avanzar, porque no debió conducir porque tenía otra mejor opción, porque el rival se anticipó a su acción...

¿Cómo corregimos esto?

Parar a los dos equipos en una simulación de la acción en la que se le explique al jugador en cuestión cómo o dónde tenía que haber ejecutado la conducción se considera una pérdida de tiempo y de energías que no produciría ninguna mejora en el jugador ni en el equipo. Hay que darle un *feedback* rápido y conciso y seguir con lo siguiente. Igualmente, después de esto, hacer un alto número de repeticiones de la conducción para la corrección de lo sucedido buscando una mejora del juego colectivo sigue siendo poco útil. Las situaciones rutinarias se olvidan.

Se aprende a conducir equivocándonos en la conducción, y conduciendo una y otra vez en distintas situaciones, lo importante no es que la conducción esté bien ejecutada en cuanto a unos patrones de ejecución del gesto técnico (que es lo que queríamos), lo importante es que, cuando falle, recupere pronto el balón o cómo le pedimos que lo recupere para poder tener otra posibilidad de conducir y conseguir el objetivo, por ejemplo.

Entonces, tenemos que preparar al jugador para que sea capaz de resolver todas las acciones del juego, porque a lo mejor lo que estuvo mal ("con el periódico del lunes") no es la conducción, sino que no debió pasar para seguir manteniendo el balón o atraer a los rivales, creyó que tenía una buena opción para conducir y no era así... Con lo cual, tenemos que preparar a los jugadores para que sean capaces de resolver las situaciones de juego.

La tendencia para corregir un error es aislarlo y trabajarlo de manera aislada para la mejora del rendimiento, pero la experiencia y el entendimiento del juego como una realidad única indisoluble hace pensar que nos acerca más al error porque no produce una mejora en el juego colectivo, sino una mejora de una acción aislada, que nunca más se volverá a repetir durante la vida deportiva del jugador.

En la búsqueda de la perfección de los modelos de juego, los entrenadores tendemos a desmenuzar el juego con principios, subprincipios, subsubprincipios... que nos hacen explicar cómo juega nuestro equipo y esto hace que en muchas ocasiones nuestros entrenamientos se pierdan en la mejora de factores técnicos aislados que pensamos que son los que hacen errar a los jugadores aunque puede ser, por poner un ejemplo, que nuestro modelo de juego les esté pidiendo a nuestros jugadores cualidades técnicas que no les pertenecen, que no son las que les hacen mostrar su talento o que la decisión no haya sido la adecuada.

En etapas de formación nos gusta enseñarles a los jóvenes jugadores cómo es la ejecución de la conducción y hacer esa demostración *"que saca a relucir esa calidad técnica que tenemos todos los entrenadores, muy superior a la de nuestros jóvenes aprendices"*.

El jugador bueno que todos queremos tener en nuestro equipo es el que sabe cuándo tiene que pasar en vez de conducir, el que conduce y no pierde el balón, el que interpreta la acción de un compañero, el que se anticipa al juego del contrario..., en definitiva, el que toma bien las decisiones sobre el terreno de juego.

Es igual de válida una conducción utilizando botes bajos que botes altos siempre y cuando lleve el balón al lugar de destino y no lo pierda (cumpliendo el reglamento). Puede no ser igual de estético según los patrones motrices del manejo de balón para la una determinada conducción, pero si el jugador puede ejecutarlo con destreza y consigue el objetivo de manera habitual... ¿por qué no?

Cuando entrenamos o preparamos a nuestros equipos tenemos que diseñar nuestras sesiones de entrenamiento. Hoy en día se hacen multitud de tareas intentando "perturbar" la decisión para condicionar al jugador en su toma de decisión; se utilizan varios "recursos" como cambiarle el color en el último momento que le indica dónde tiene que conducir, decirle un número para que tenga que desplazarse hacia un lugar, tocar el silbato y finalizar la jugada... Y yo me pregunto por qué en un "juego" como el baloncesto, en el que intervienen tantos factores, que queremos que el jugador domine y sepa interpretar en cada momento, los estímulos que utilizamos para que el jugador ejecute no tienen nada que ver con el juego.

Durante el juego se coordinan diferentes procesos cognitivos de manera simultánea con la visión periférica.

La visión periférica es importante, pero saber poner el foco en lo relevante es clave para la correcta toma de decisión. Existe un gran número de trabajos aplicados desde el área física, en su mayor parte, que utilizan estas teorías y estos artículos científicos sobre el aprendizaje en los entrenamientos, pero muy alejados del juego.

En todas las facetas del entrenamiento se intentan copiar procedimientos de otros deportes que a lo mejor están más avanzados o tienen un mayor grado de estudio y demuestran transferencia. Las situaciones no se repiten nunca en el juego, no hay dos pases iguales en un partido, no hay dos conducciones iguales en un partido, no hay dos ataques iguales en un partido… Entonces, si estamos de acuerdo en esto, ¿no sería mejor preparar a nuestro equipo para que sepa reaccionar mejor ante las situaciones que se dan en el juego y ante estímulos que tengan que ver con este y no con colores, números, palmadas, pitido del silbato…? Existen muchas dudas de que en un entrenamiento el hecho de que un jugador "vea el rojo y se desplace hacia donde está el color rojo", tenga algo que ver con el juego, con su preparación y con su mejora como jugador de baloncesto. Mejorará capacidades del individuo, pero no se entiende que mejore como jugador. Es como si pensáramos que a un atleta de 50 metros lisos le va a producir una mejora de su rendimiento en la competición saltar hacia el lugar rojo después de ver ese color.

Además de esto, nos encontramos con una variable más que, en nuestro intento por "perturbar" el juego al jugador, nos lleva a querer inventar, hasta el punto de que no somos conscientes de que estamos "desentrenando" a nuestros jugadores. ¿Qué pasa en un partido cuando suena un silbato? Pues que se pone en juego el balón o que se tiene que detener el juego. Y si nosotros usamos el silbato para cambiar de zona de juego, para comenzar a conducir, para pasar el balón…

estamos utilizando un estímulo que el jugador tiene que identificar durante el partido para sacar rápido, pararse... para algo que no le va a ser útil después e, incluso, puede crearle alguna confusión en edades tempranas.

Con esto no quiero decir que no se hagan juegos de activación, que no se hagan este tipo de tareas que nos pueden servir para entretener a los jugadores o como dinámicas de equipo, sólo expreso que, si queremos entrenar baloncesto y sacar mayor rendimiento a los entrenamientos, los que no disponemos de muchas horas para poder entrenar a nuestros equipos tenemos que intentar que nuestras tareas tengan la mayor transferencia al juego posible.

Siempre será mejor trabajar para que nuestro equipo en una tarea pase a atacar cuando pierda el balón el equipo contrario, pase cuando haya un movimiento de desmarque del compañero, presione cuando el equipo contrario llegue a una zona, conduzca cuando sea la mejor opción... y conseguiremos mayor transferencia al juego o a nuestro juego, según el equipo donde estemos, la edad o capacidad de los jugadores que entrenemos y el modelo de juego que queramos desarrollar con nuestro equipo.

Se podría argumentar que estos estímulos intentan "molestar" al jugador para entrenar la capacidad de enfocarse en lo que está haciendo. Estímulos que nunca se va a encontrar en un partido.

¿Y si ponemos al jugador a conducir ante jugadores que intentan obstaculizar la conducción y compañeros que le dan otras soluciones? Unos lo conseguirán y otros no. El jugador tendrá que identificar el estímulo al que tiene que reaccionar (posibilidad de conducir) con ventaja descartando todos los demás estímulos (desmarques de compañeros que no se consiguieron, rivales que intentaron obstaculizar y no lo hicieron, ...). Y si además el jugador conduce ante la presión de un jugador, se cruzan otros jugadores por medio, si pierde el balón tendrá que presionar para volver a conducir... podremos aumentar la carga cognitiva de lo que estamos entrenando utilizando elementos del juego. Estímulos ante los que tendrá que reaccionar y dar una respuesta o descartar.

De esta manera, conseguiríamos contextualizar las acciones, hasta el punto que lo consideremos necesario y se atienda al nivel de los jugadores a los que vayamos a exponer las tareas. Controlando y adaptando las cargas cognitivas.

Hay que intentar como entrenadores que el entrenamiento sea un medio facilitador del aprendizaje.

Nuestro objetivo como entrenadores es ayudar a nuestros jugadores en su proceso de aprendizaje, bien sea en formación o en alto rendimiento, compitiendo. Durante un partido de baloncesto, por mucho que intentemos que la competición sea lo más sana y educativa posible en su iniciación, compites con un rival para ganarle, porque es inherente al juego mismo. Los estímulos y las respuestas tienen que estar encaminados al aprendizaje del jugador y tienen que tener estrecha relación con lo que puede pasar en un partido para que el aprendizaje sea significativo, bien sea una situación en la que la respuesta siempre sea la misma (por ejemplo, conducir) y que la decisión sea cómo conducir (en línea recta o zigzag, con una mano o con otra,...) o bien una situación en la que haya muchas respuestas (contraataque) y muchas posibles decisiones dentro de esa respuesta (puede haber infinitas en la ejecución).

Para ello, la complejidad de la tarea irá estrechamente relacionada con la capacidad de aprendizaje y el desarrollo de las capacidades del jugador o del equipo.

Las tareas más analíticas en el aprendizaje, para las mejoras de los gestos técnicos como tales, deben llevar una toma de decisión para su eficiencia, ya que enseñar los gestos técnicos disociados de todas las variables del juego preparan al jugador para tener destreza en una acción determinada, a una distancia determinada, aplicando la misma fuerza y sin ninguna toma de decisión y los jugadores están constantemente tomando decisiones en un partido por la realidad cambiante del juego. Por ejemplo, un jugador frente a otro, conduciendo el balón de uno a otro a la misma distancia es una tarea o ejercicio que sólo le producirá al jugador una mejora de la conducción a esa distancia precisa y el aprendizaje carecerá de mejora cognitiva alguna. Mientras que esa conducción variando la distancia, modificando la velocidad a la que se mueve, moviéndose entre conos o rivales, cambiando de espacios... o cualquier otra variable que haga que la repuesta sea siempre la misma (que consistirá en conducir), la decisión de la ejecución será distinta y el proceso de aprendizaje llevará una carga cognitiva mayor y esto repercute directamente en la mejora del jugador en cuanto a sus respuestas en el juego.

Los condicionantes espaciotemporales, humanos y reglados de las tareas tendrán estrecha relación con el juego, no puede ser un condicionante para el jugador una línea sobre la que tiene que rodar el balón durante la conducción, el condicionante debe tener relación con el juego, por ejemplo, poner un rival entre él y el lugar de desino e ir adaptando los espacios y número de jugadores al proceso de aprendizaje y al jugador o los jugadores.

En las siguientes tareas los estímulos e indicadores para conducir serán estímulos e indicadores propios del juego para identificarlos en cada momento. Realizar un tiro a canasta, conducir o cambiar de zona después de un estímulo auditivo (voz del entrenador, silbato...) o cualquier otro que no tenga nada que ver con lo que pueda pasar en un partido de baloncesto (mostrar un color, aviso del entrenador o de un compañero,...) nos ayudarán a realizar las tareas, pero no a utilizar con la destreza específica la conducción y a desarrollar el aprendizaje en el jugador; con lo cual, los estímulos, indicadores o recursos utilizados tendrán transferencia al juego y podrán ser adaptados por el entrenador atendiendo a la realidad a la que los vaya a exponer.

SIMBOLOGÍA

Jugadores Equipo A	○
Jugadores Equipo B	●
Jugadores Equipo C	○
Desplazamiento sin balón	⇢
Desplazamiento del balón	→
Conducción del balón	∿→
Tiro a canasta	➡
Balón	🏀

NEUROCIENCIA APLICADA A LA CONDUCCIÓN EN BALONCESTO

50

TAREAS PARA SU ENTRENAMIENTO

Tarea N° 1	Objetivo Principal	Mejora de la conducción
	Jugadores	3

Explicación

Los jugadores conducen por los pasillos y no pueden coincidir con otro jugador dentro del mismo cuadrado.

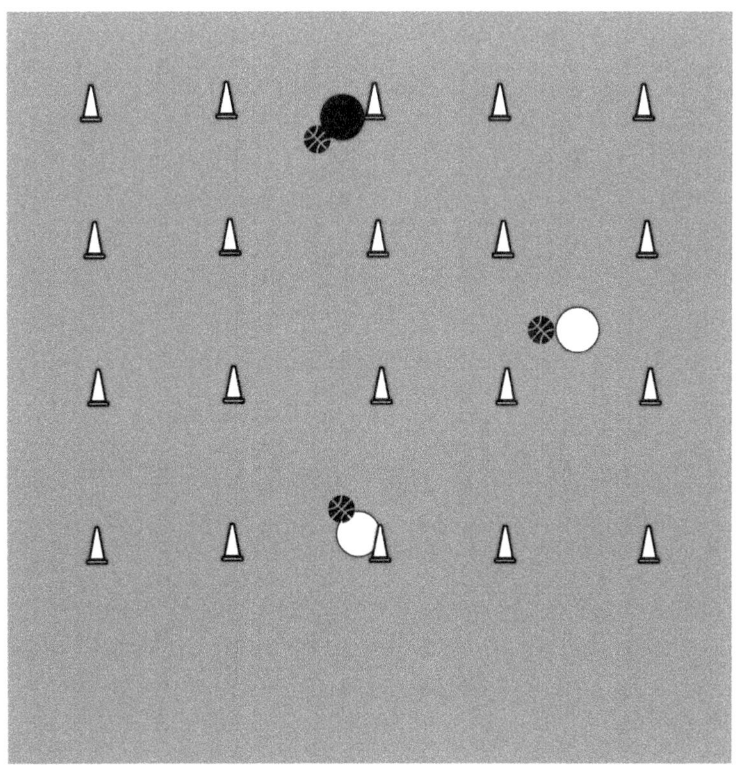

Tarea N° 2	Objetivo Principal	Mejora de la conducción
	jugadores	5

Explicación

Un jugador en el cuadrado y los otros cuatro jugadores situados como en la imagen. Los jugadores intentarán atravesar de uno en uno el cuadrado de lado a lado y el jugador de dentro tendrá que intentar anticipar la conducción para que no puedan atravesar.

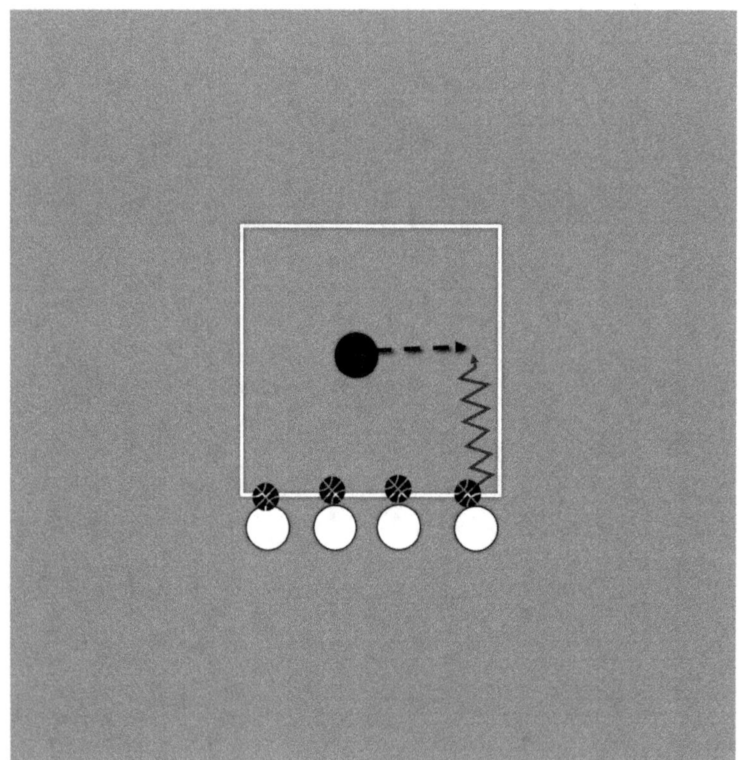

Tarea N° 3	Objetivo Principal	Mejora de la conducción
	Jugadores	8

Explicación

Los jugadores que tienen balón tienen que atravesar hasta la zona del fondo, los que no tienen presionarán para robar cuando pasen al centro. Al jugador que le roben el balón podrá presionar a otro cuando se lo quiten si no llegó a la zona del fondo para robarle el balón y dificultar la conducción.

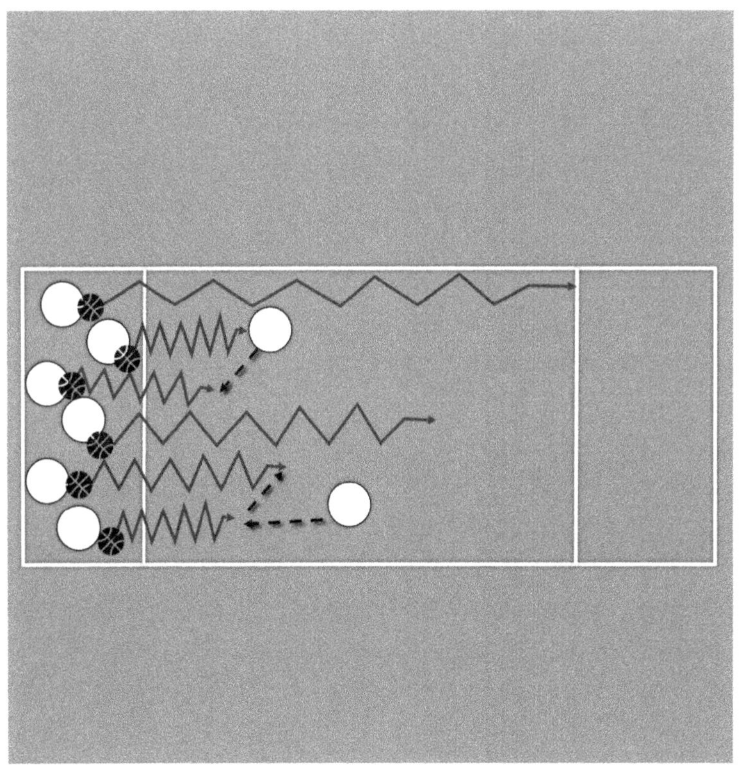

Tarea Nº 4	Objetivo Principal	Mejora de la conducción
	Jugadores	8

Explicación

Los jugadores que tienen balón tienen que atravesar conduciendo hasta la zona del fondo, los que no tienen esperarán en la línea del centro para robar. Al jugador que le roben el balón podrá presionar a otro si no llegó conduciendo a la zona del fondo para robarle el balón.

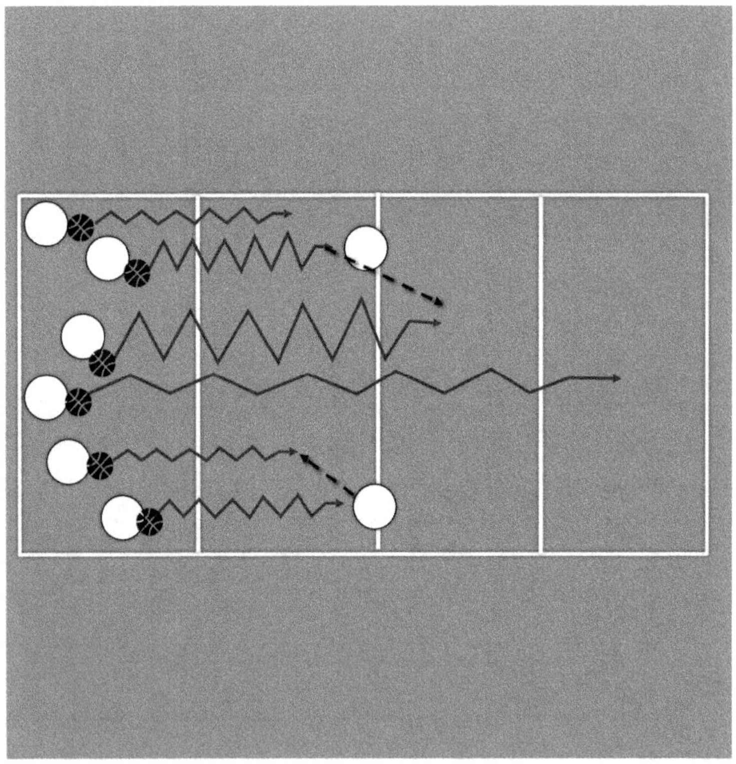

Tarea N° 5	Objetivo Principal	Mejora de la conducción
	Jugadores	10

Explicación

En la disposición de la imagen, 8 jugadores conducen el balón dentro del cuadrado esquivando a los otros jugadores y habrá dos jugadores robando balón. Al jugador que le roben, cambiará el rol y pasará a robar y el que robó a conducir.

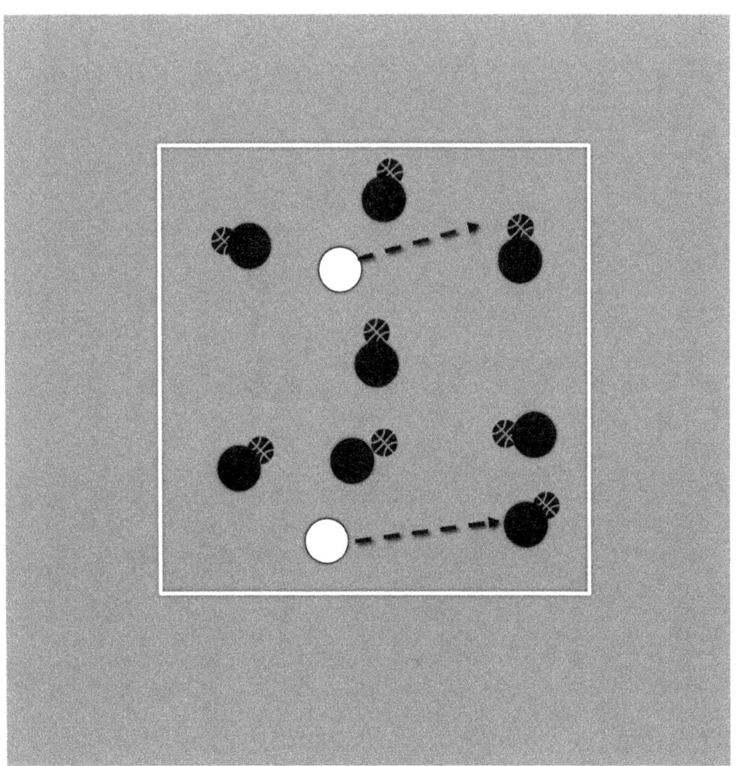

Tarea N° 6	Objetivo Principal	Mejora de la conducción
	Jugadores	10

Explicación

En la disposición de la imagen, 8 jugadores conducen el balón dentro del cuadrado esquivando a los otros jugadores y habrá dos jugadores sacando los balones de los jugadores del cuadrado. Cuando a un jugador le saque el balón del cuadrado, tendrá que ir por el y volver a meterse dentro conduciendo.

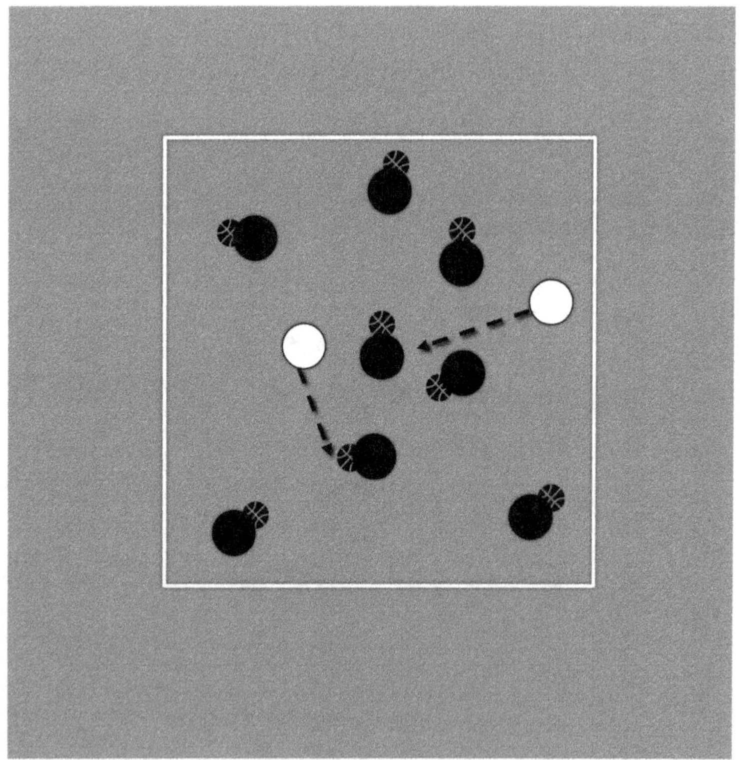

Tarea N° 7	Objetivo Principal	Mejora de la conducción
	Jugadores	2

Explicación

Los jugadores se dirigen al cono del centro y el jugador con balón tendrá que ir al lado (cono) contrario del que vaya el jugador sin balón.

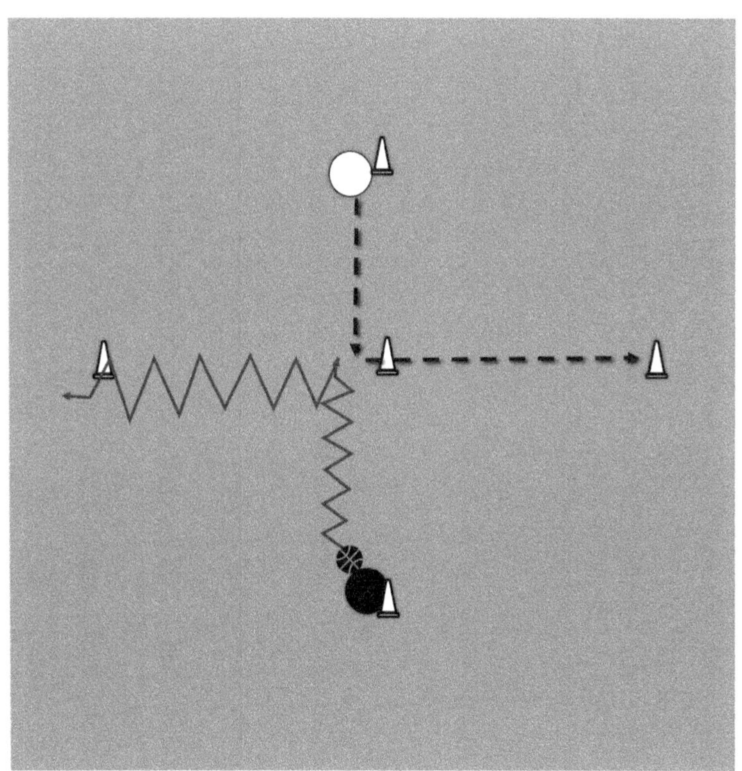

Tarea N° 8	Objetivo Principal	Mejora de la conducción
	Jugadores	2

Explicación

Los jugadores de dirigen al cono del centro y el que llegue primero va hacia un lado y el otro hacia el otro. No pueden ir los dos hacia el mismo lado.

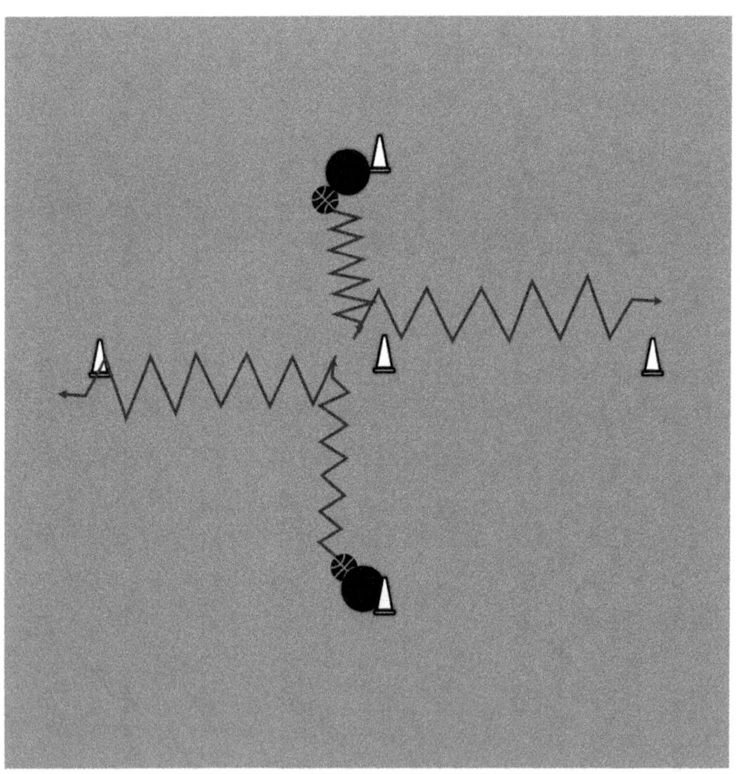

Tarea Nº 9	Objetivo Principal	Mejora de la conducción
	Jugadores	4

Explicación

Los jugadores de dirigen al cono del centro cada uno con su balón y se tienen que dirigir cada uno a un cono que no estuviera ocupado antes de salir hacia el centro.

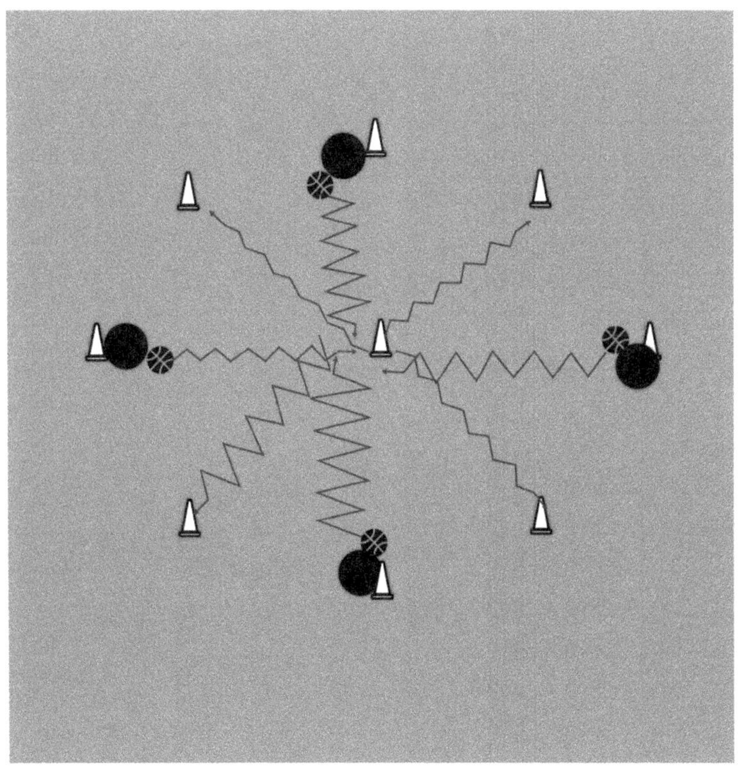

Tarea N° 10	Objetivo Principal	Mejora de la conducción
	Jugadores	4

Explicación

Los jugadores distribuidos como en la imagen. Cuando salga conduciendo el jugador con balón uno de los rivales de manera aleatoria intentará evitar que se acerque a la canasta para tirar.

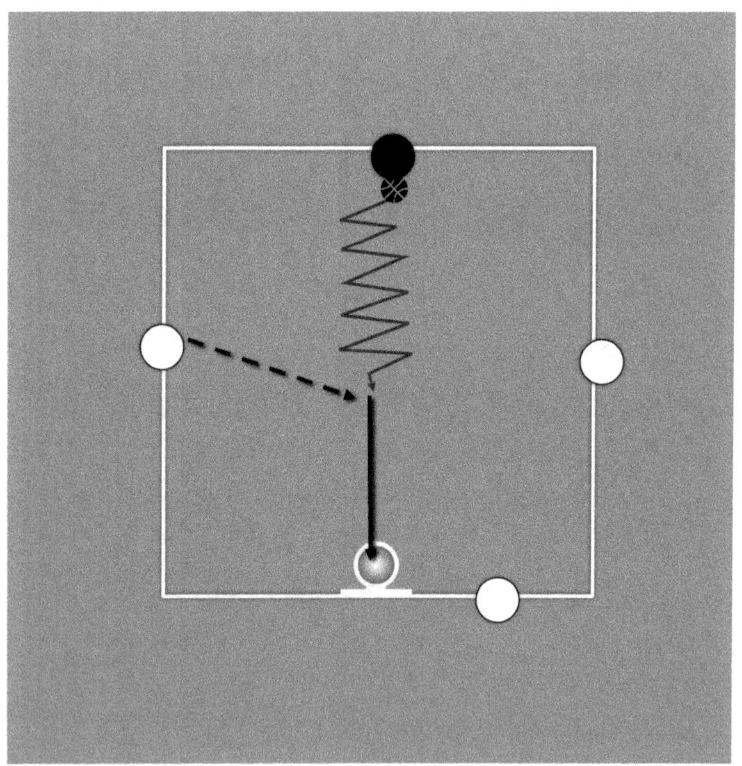

Tarea N° 11	Objetivo Principal	Mejora de la conducción
	Jugadores	4

Explicación

Los jugadores distribuidos como en la imagen. Cuando salga conduciendo el jugador con balón un jugador del equipo blanco irá a presionar la conducción y otros retrocederán para interceptarlo cambiando en cada acción de manera aleatoria y evitar que se acerque a a canasta.

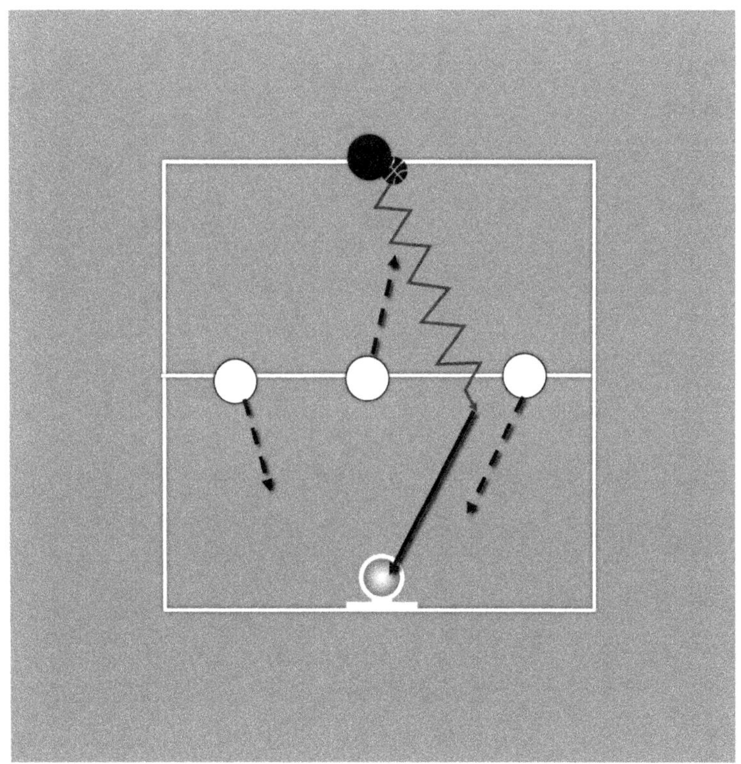

Tarea N° 12	Objetivo Principal	Mejora de la conducción
	Jugadores	2 (1x1)

Explicación

El jugador en la línea de tiros libres, pasa el balón al jugador, sale por los laterales del círculo y va a presionar el tiro. El jugador que se adelanta al cono o silueta debe conducir para encontrar una buena posición, eludiendo al contrario y tirar a canasta.

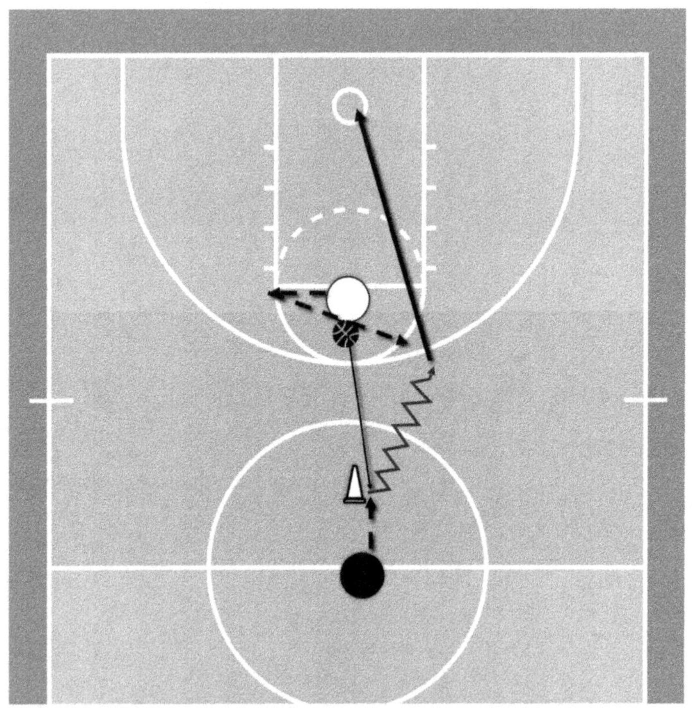

Tarea Nº 13	Objetivo Principal	Mejora de la conducción
	Jugadores	3

Explicación

El jugador con balón conducirá hacia la canasta y uno de los jugadores de manera aleatoria irán a presionarle para evitar el tiro a canasta. El jugador no sabrá cual saldrá en cada ocasión.

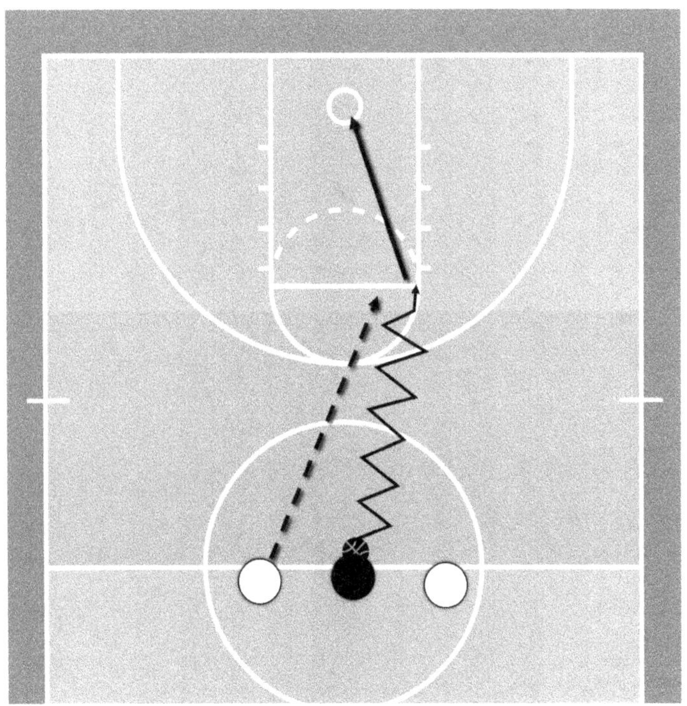

Tarea N° 14	Objetivo Principal	Mejora de la conducción
	Jugadores	4

Explicación

Los jugadores distribuidos como en la imagen. Cuando salga conduciendo un jugador con balón para tirar a canasta, los jugadores del equipo blanco desplazándose sobre las líneas intentaran obstaculizar la conducción para que no pueda acercarse a la canasta.

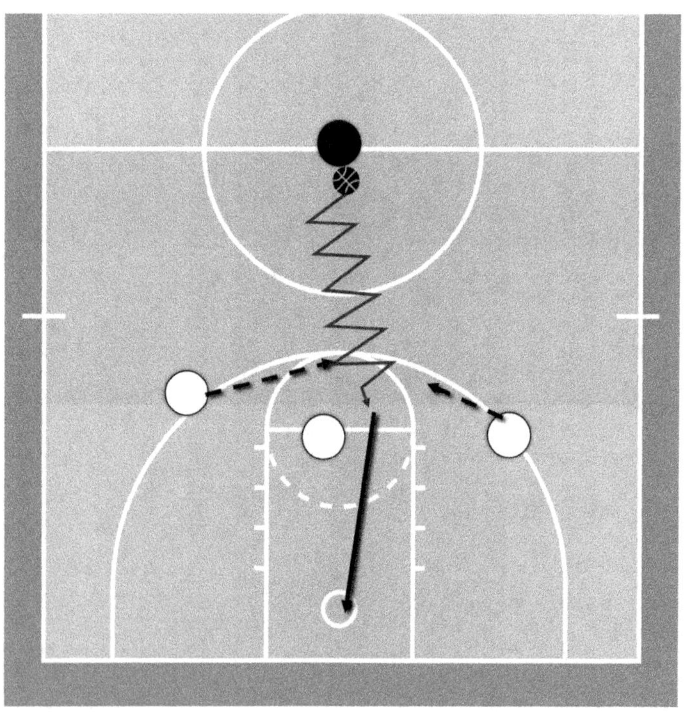

Tarea N° 15	Objetivo Principal	Mejora de la conducción
	Jugadores	2

Explicación

Los jugadores mirando hacia la portería. El jugador con balón (negro) conducirá hacia la portería y el jugador del equipo blanco cuando lo vea irá a presionarle para obstaculizar la conducción y evitar que se acerque a la portería para tirar.

Tarea N° 16	Objetivo Principal	Mejora de la conducción
	Jugadores	3

Explicación

El jugador con balón conducirá hacia la canasta y uno de los jugadores, de manera aleatoria irá a presionarle para obstaculizar la conducción y evitar que se acerque a la canasta para tirar.

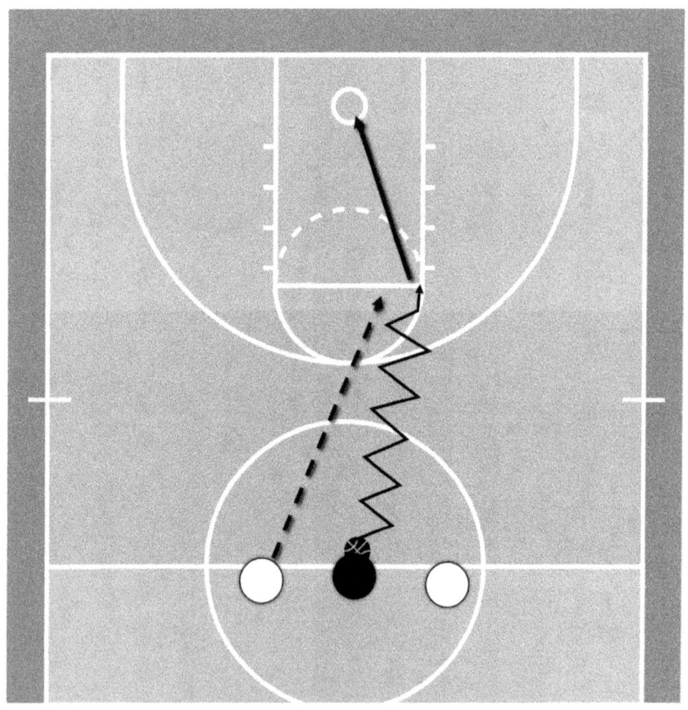

Tarea N° 17	Objetivo Principal	Mejora de la conducción
	Jugadores	4

Explicación

El jugador con balón conducirá hacia la canasta y dos de los jugadores, de manera aleatoria irán a presionarle para obstaculizar la conducción y evitar el tiro a canasta.

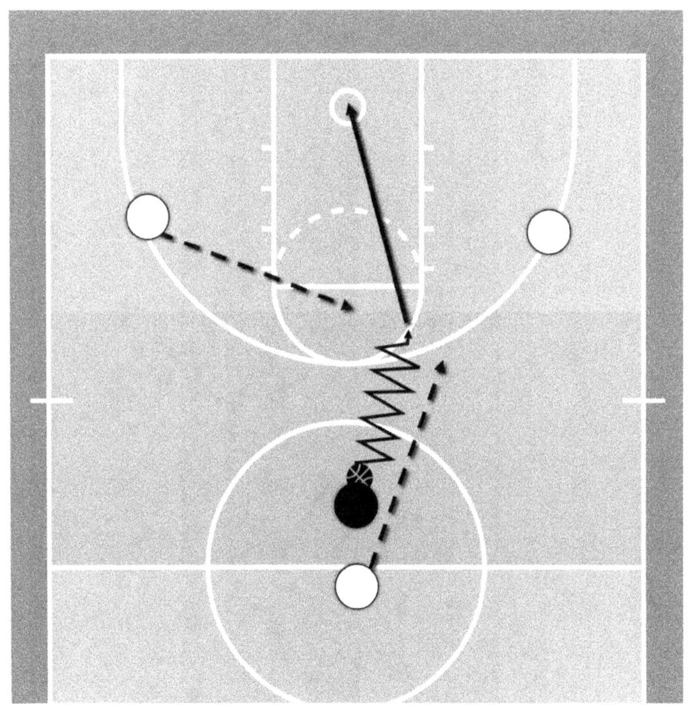

Tarea N° 18	Objetivo Principal	Mejora de la conducción
	Jugadores	5

Explicación

El jugador con balón conducirá hacia la canasta y dos de los jugadores, de manera aleatoria, irán a presionarle para obstaculizar la conducción y evitar el tiro a canasta.

Tarea N° 19	Objetivo Principal	Mejora de la conducción
	Jugadores	2

Explicación

Los jugadores se pasan el balón y cuando el jugador del equipo negro decida salir de su cuadrado conduciendo para tirar el otro irá a presionar para evitar que se acerque a canasta.

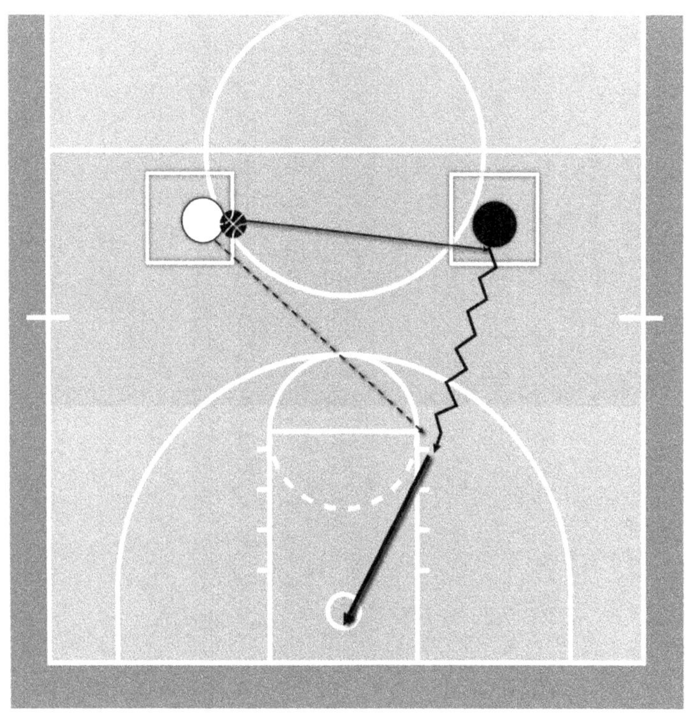

Tarea N° 20	Objetivo Principal	Mejora de la conducción
	Jugadores	6

Explicación

El jugador con balón conducirá hacia la canasta y uno de los jugadores rivales que están con un jugador del equipo negro irá a evitar el tiro a canasta, liberando a un compañero marcado. El jugador de atrás irá a marcar al jugador liberado. El jugador con balón intentará tomar la mejor solución para acercarse a la canasta junto con el compañero liberado.

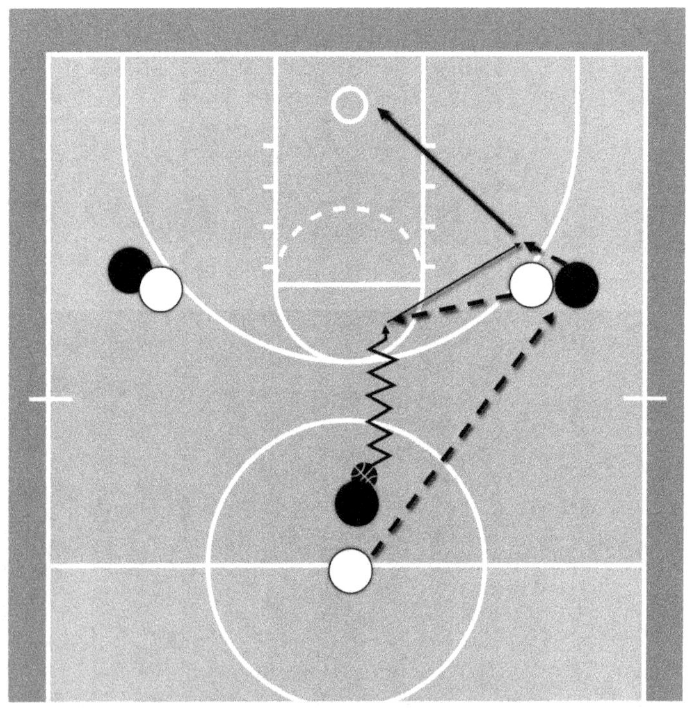

Tarea N° 21	Objetivo Principal	Mejora de la conducción
	Jugadores	2

Explicación

Los jugadores se pasan el balón y cuando uno decida salir de su cuadrado conduciendo para tirar a canasta el otro irá a presionar para evitar que se acerque a canasta.

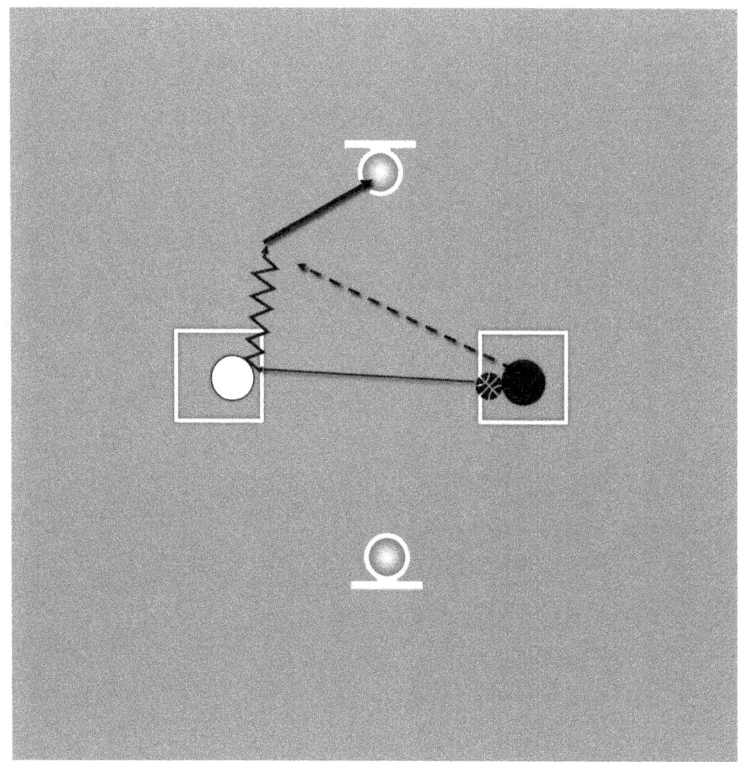

Tarea N° 22	Objetivo Principal	Mejora de la conducción.
	Jugadores	2

Explicación

Dos jugadores se pasan el balón sin que caiga, cuando sale fuera o se cae el balón, el jugador que falló obstaculizará la conducción del otro para que no se acerque a la canasta.

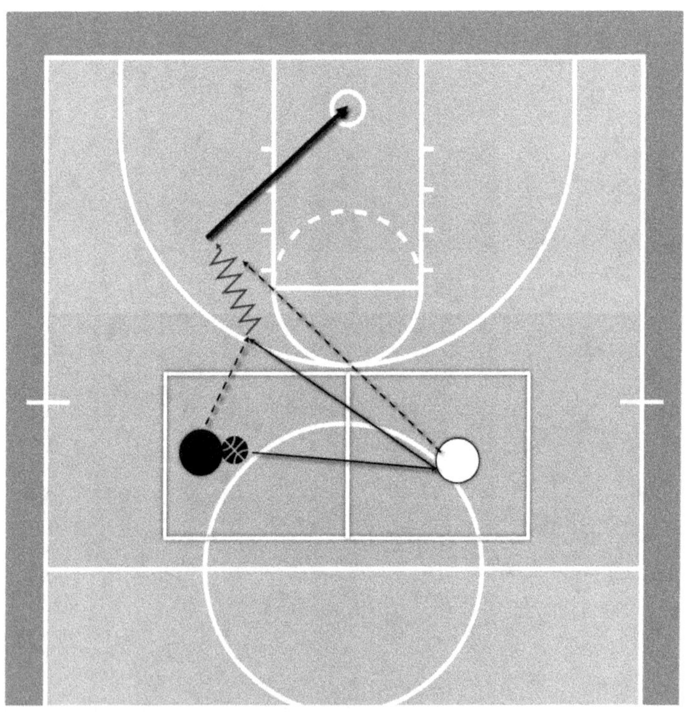

Tarea N° 23	Objetivo Principal	Mejora de la conducción
	Jugadores	15

Explicación

Un jugador del equipo blanco sale con balón y y uno del equipo negro sale sin balón. El jugador del equipo blanco intentará pasar conduciendo el balón entre los dos conos y el del equipo negro intentará que no. Cuando pase o pierda el balón saldrá conduciendo uno de otro equipo y el que pasó o perdió tiene que ir a presionarlo, cuando este pierda o pase saldrá uno de otro equipo y así sucesivamente de manera aleatoria.

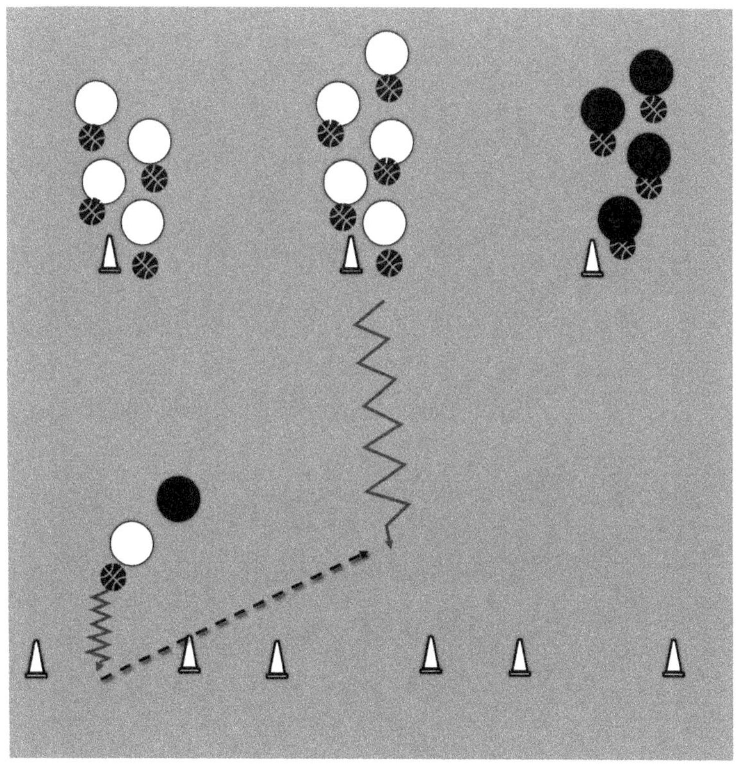

Tarea Nº 24	Objetivo Principal	Mejora de la conducción
	Jugadores	15

Explicación

Un jugador del equipo blanco sale conduciendo con balón y uno del equipo negro sale sin balón para obstaculizar la conducción. El jugador del equipo blanco intentará acercarse a la canasta para tirar y el del equipo negro intentará que no. Cuando tire o pierda el balón saldrá conduciendo uno de otro equipo y el que tiró o perdió tiene que ir a presionarlo, cuando este pierda o tire saldrá uno de otro equipo y así sucesivamente de manera aleatoria buscando siempre acercarse conduciendo a la canasta para tirar.

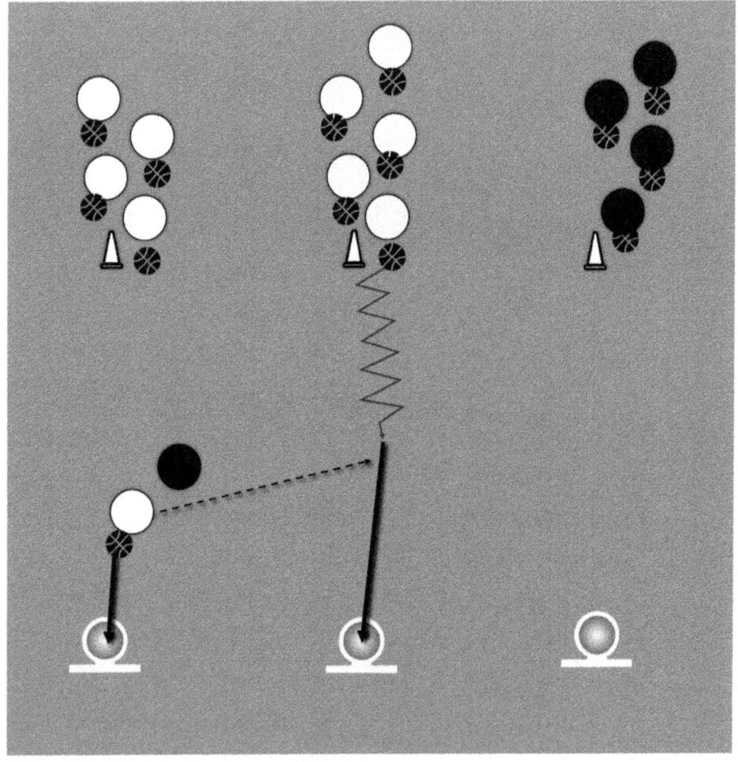

Tarea N° 25	Objetivo Principal	Mejora de la conducción
	Jugadores	2

Explicación

Un jugador detrás de la canasta, pasa el balón al jugador y se dirige a la canasta por uno de los lados. El jugador que se adelanta al cono o silueta debe conducir hacia la canasta a para hacer tirar antes que llegue el jugador del otro equipo.

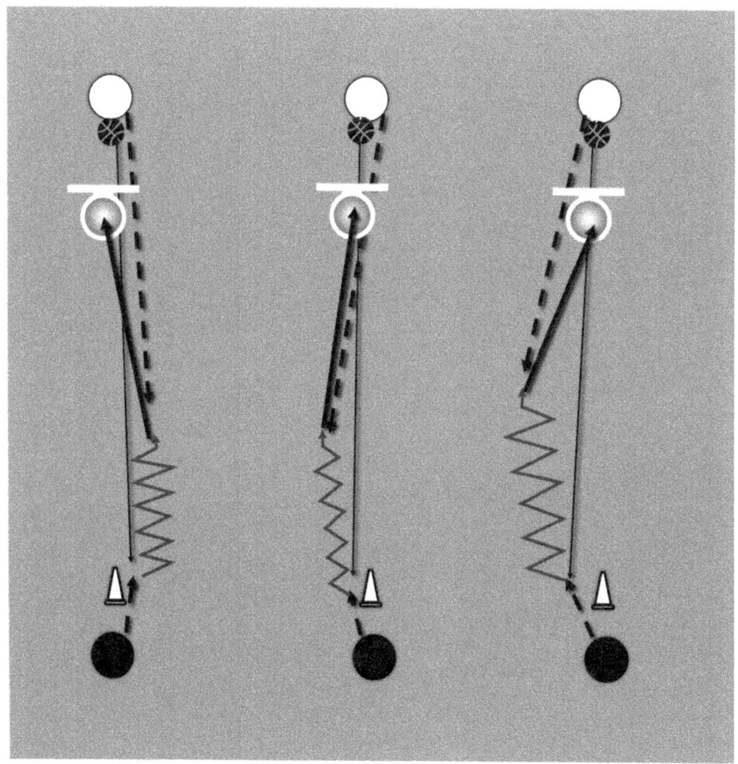

Tarea Nº 26	Objetivo Principal	Mejora de la conducción
	Jugadores	3

Explicación

El jugador bajo la canasta pasa el balón al jugador que se adelantará al contrario (este no podrá reaccionar hasta que no lo vea) y le presionará para que no pueda conducir y acercarse a la canasta para tirar.

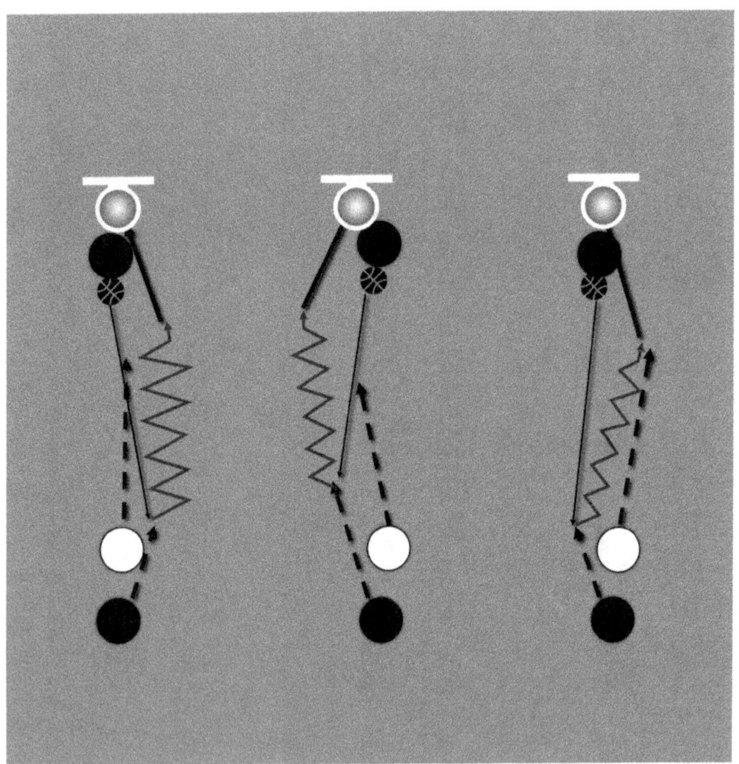

Tarea N° 27	Objetivo Principal	Mejora de la conducción
	Jugadores	4

Explicación

Los jugadores distribuidos cómo en la imagen. Los jugadores que defienden (blanco), podrán salir indistintamente hacia uno u otro jugador, cambiando en cada jugada sin que se sepa a cual van a presionar la conducción para evitar el tiro de los jugadores con balón. Todos parten tras la silueta o cono para salir por un lado u otro.

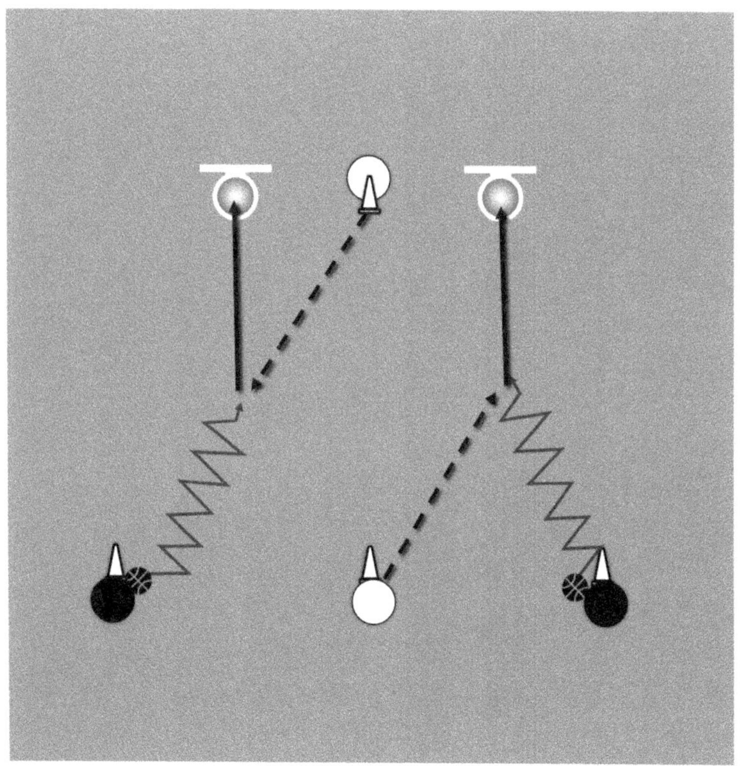

Tarea N° 28	Objetivo Principal	Mejora de la conducción
	Jugadores	7

Explicación

Los jugadores distribuidos como en la imagen. El jugador con balón (color negro) saldrá conduciendo para acercarse y tirar a portería. De los 4 jugadores blancos sólo participan 3 que intentarán dificultar que puedan acercarse a portería (irán alternando los que participan y a quien presionan sin que lo conozca el otro equipo).

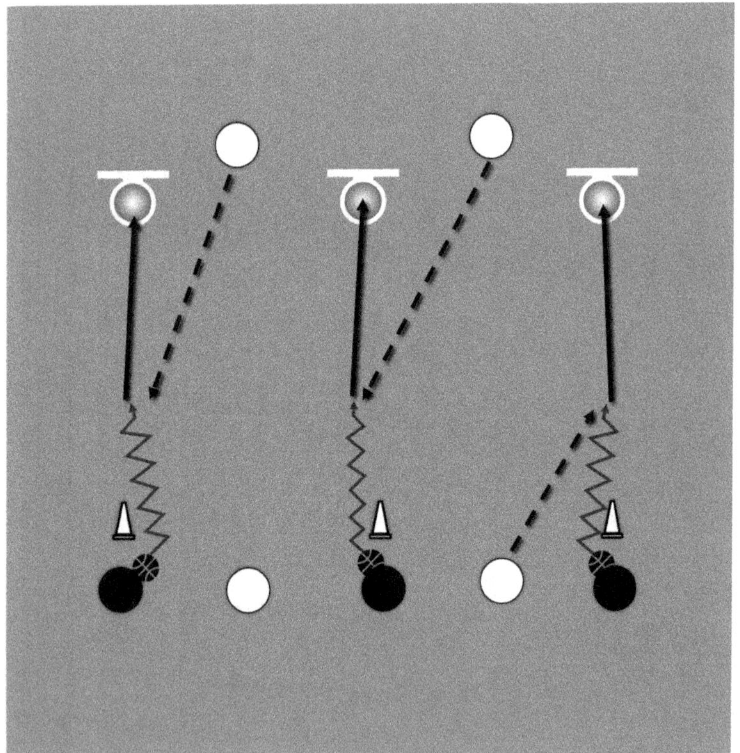

Tarea N° 29	Objetivo Principal	Mejora de la conducción
	Jugadores	5

Explicación

Los jugadores distribuidos como en la imagen, tras los conos o siluetas y cuando les pasan el balón los jugadores bajo la canasta, salen hacia el balón para conducir y acercarse a la canasta. El jugador del centro irá hacia uno u otro a disputar el balón de manera aleatoria y disputar la conducción.

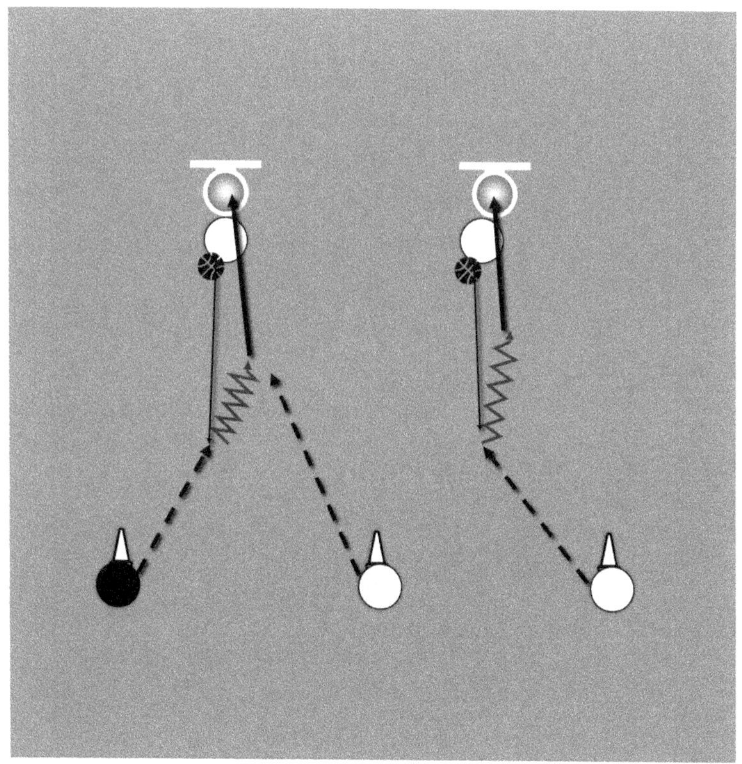

Tarea N° 30	Objetivo Principal	Mejora de la conducción
	Jugadores	5

Explicación

Los jugadores distribuidos como en la imagen, tras los conos o siluetas y cuando los jugadores con balón dejan el balón botando y retroceden para defender a las canastas, salen hacia el balón para conducir, acercarse a la canasta y finalizar. El jugador del centro irá hacia uno u otro a disputar el balón de manera aleatoria.

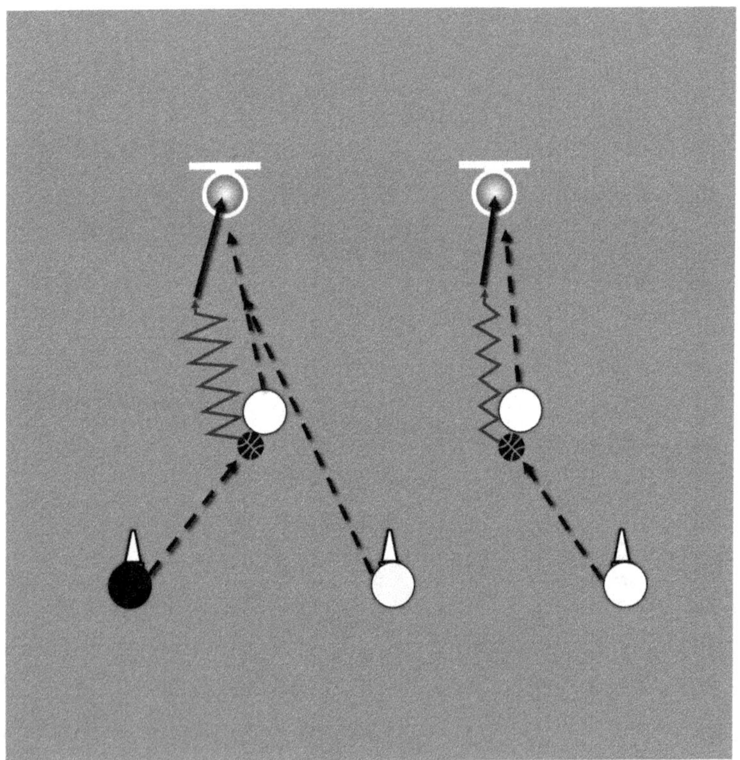

Tarea N° 31	Objetivo Principal	Mejora de la conducción
	Jugadores	4

Explicación

El jugador y los porteros distribuidos como en la imagen. Cuando el jugador del centro recibe el balón tiene que volverse y conducir a la canasta que está libre para anotar, presionado por los rivales de las otras canastas. Los rivales cambiarán y dejarán otra canasta libre para volver a pasarle el balón y que se repita la acción variando la canasta.

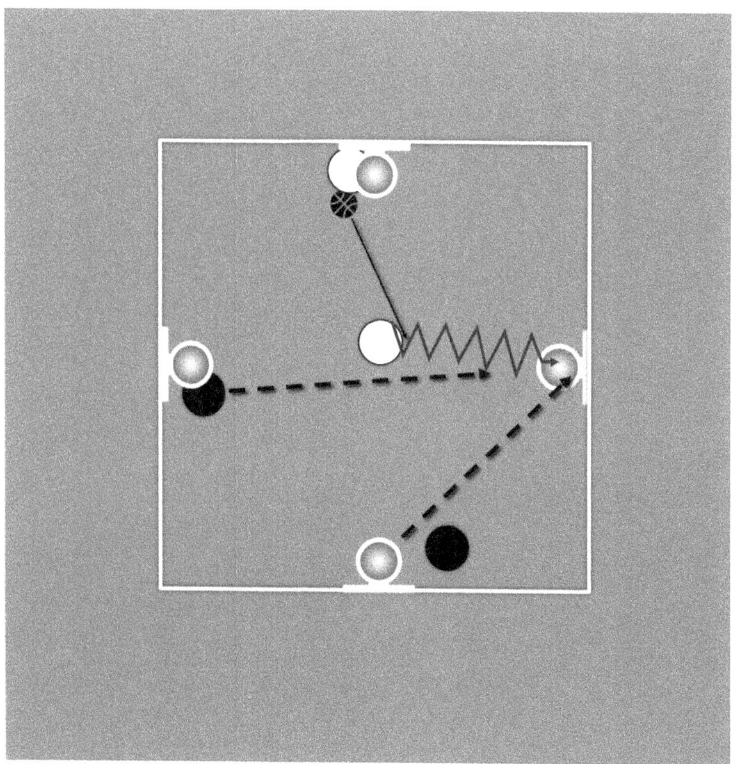

Tarea Nº 32	Objetivo Principal	Mejora de la conducción
	Jugadores	5

Explicación

-52-

Los jugadores distribuidos como en la imagen. Cuando el jugador del centro recibe tiene que sacar el balón del cuadrado conduciendo y tirar a la canasta desde la que no le presionaron y queda un jugador bajo ella. Los rivales cambiarán   en cada acción los que irán a la presión y desde el lugar que lo harán.

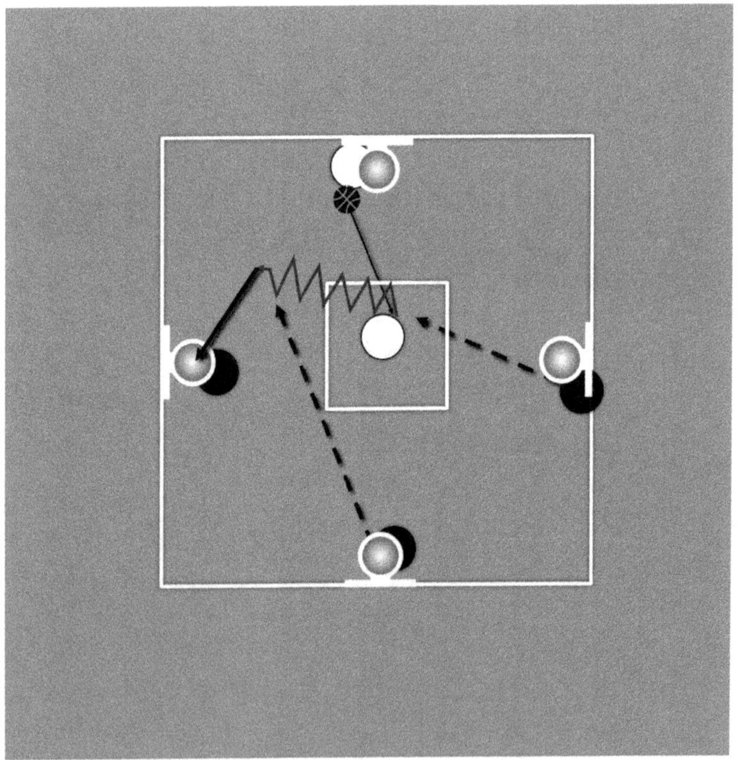

Tarea N° 33	Objetivo Principal	Mejora de la conducción
	Jugadores	8

Explicación

Los jugadores distribuidos como en la imagen. Cuando el jugador del centro recibe tiene sacar el balón conduciendo del cuadrado, tirar a la canasta que está libre y dos jugadores irán a presionarle (de manera aleatoria), sólo dentro del cuadrado para que no pueda sacar el balón conduciendo. Irán variando la canasta libre, al igual que los jugadores que irán a presionar.

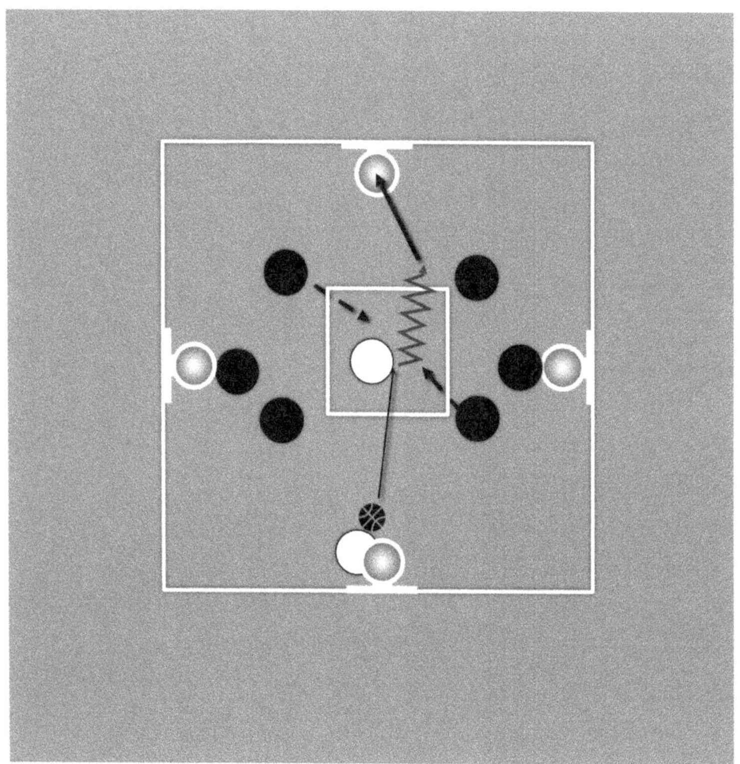

Tarea N° 34	Objetivo Principal	Mejora de la conducción
	Jugadores	9

Explicación

Los jugadores distribuidos como en la imagen. Tendrán que atravesar de uno en uno y de lado a lado el cuadrado conduciendo, pasando por el cuadrado del centro. El jugador sin balón intentará robar el balón a los que pasen por el cuadrado pequeño. Cuando lo haga, sacará el balón del cuadrado conduciendo para acercarse a una canasta y tirar con la presión de uno de los jugadores de los vértices, que no sabrá cual será. El que perdió quedará en el cuadrado a la espera de robar a los jugadores que vayan pasando conduciendo.

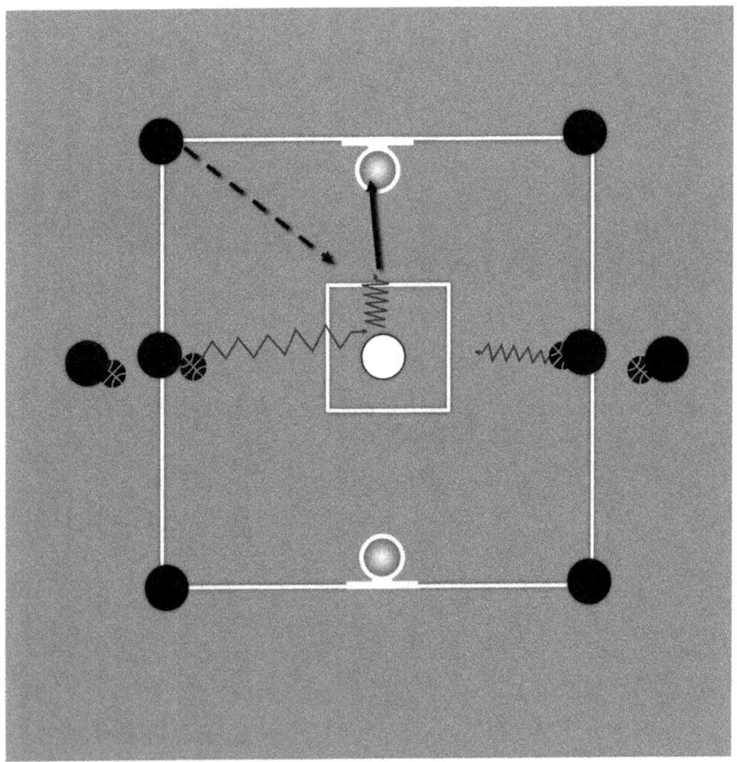

Tarea N° 35	Objetivo Principal	Mejora de la conducción
	Jugadores	5

Explicación

Los jugadores distribuidos como en la imagen. El jugador del centro tiene el balón e intenta atraer conduciendo a dos jugadores rivales que irán a presionarle (irán alternando el lugar desde el que lo harán). Cuando vayan a la presión podrá salir conduciendo del cuadrado para buscar una buena situación de tiro.

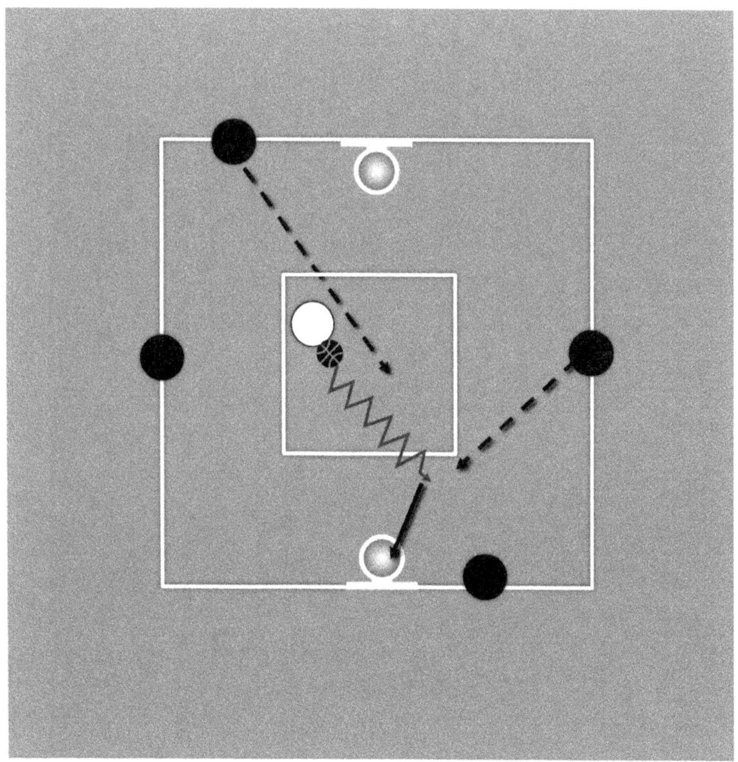

Tarea N° 36	Objetivo Principal	Mejora de la conducción
	Jugadores	7

Explicación

Los jugadores distribuidos como en la imagen. El jugador del centro tiene el balón e intenta atraer a   dos jugadores rivales que irán a presionarle (irán alternando el lugar desde el que lo harán). Cuando vayan a la presión podrá salir conduciendo del cuadrado para jugar con los compañeros y buscar una buena situación de tiro.

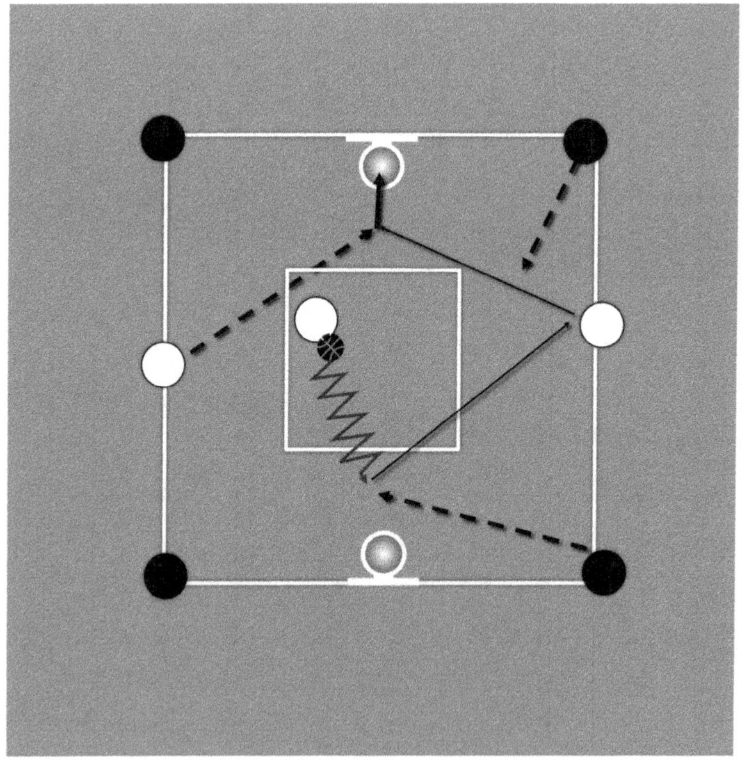

Tarea N° 37	Objetivo Principal	Mejora de la conducción
	Jugadores	5

Explicación

El jugador con balón (negro) comenzará a conducir hacia la canasta por uno de los lados del contrario (blanco) que no podrá reaccionar hasta que no lo vea, le presionará para que no pueda conducir y acercarse a la portería junto con otro jugador más y, si lo considera, el jugador con balón podrá apoyarse en el compañero del cuadrado para tirar a canasta. El jugador que irá a presionar irá variando en cada ocasión.

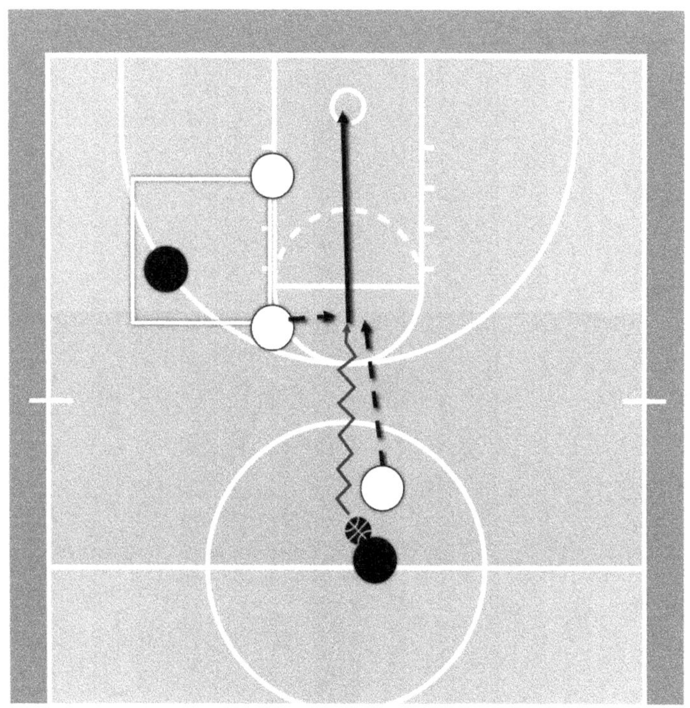

Tarea N° 38	Objetivo Principal	Mejora de la conducción
	Jugadores	2 (1x1)

Explicación

Dos jugadores se pasan el balón y cuando uno decide sacar el balón conduciendo del cuadrado para tirar a canasta el otro va a presionarle para intentar evitar que se acerque a la canasta y obstaculizar el tiro.

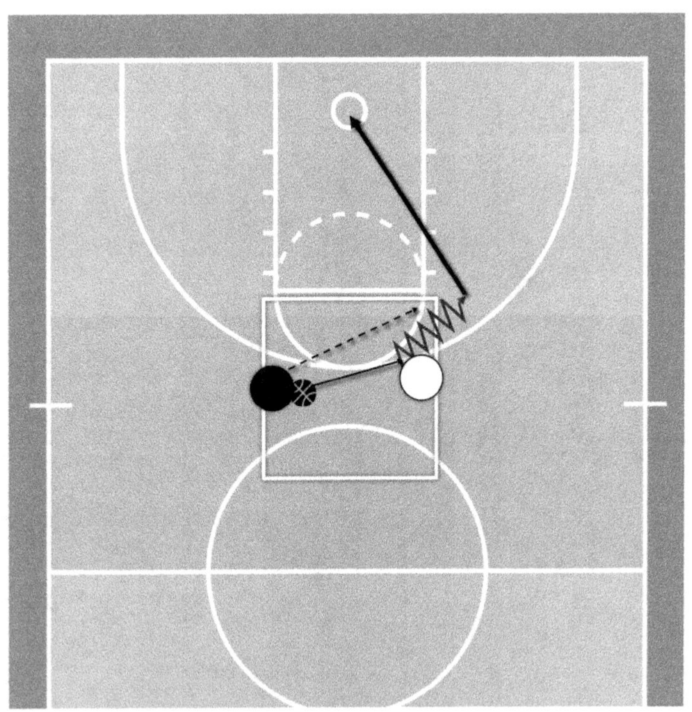

Tarea N° 39	Objetivo Principal	Mejora de la conducción
	Jugadores	4 (2x2)

Explicación

Dos jugadores del equipo negro se pasan la balón sin que caiga al suelo entre ellos, una pareja de otro equipo entra en el cuadrado a presionar y robar el balón para salir conduciendo del cuadrado y tirar a canasta con la presión de los que perdieron.

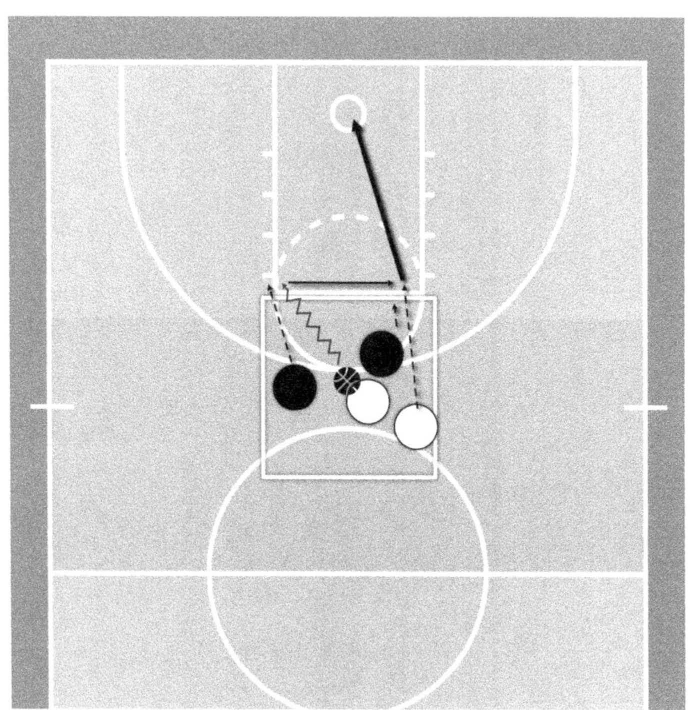

Tarea N° 40	Objetivo Principal	Mejora de la conducción
	Jugadores	5 (2x2+1)

Explicación

Dos jugadores del equipo equipo negro se pasan el balón sin que caiga al suelo entre ellos, una pareja de otro equipo (blanco) entra en el cuadrado a presionar, roba el balón y salen conduciendo para tirar a canasta con la presión de los que perdieron y el jugador que esperaba fuera, que los esperará en cada ocasión en una posición distinta.

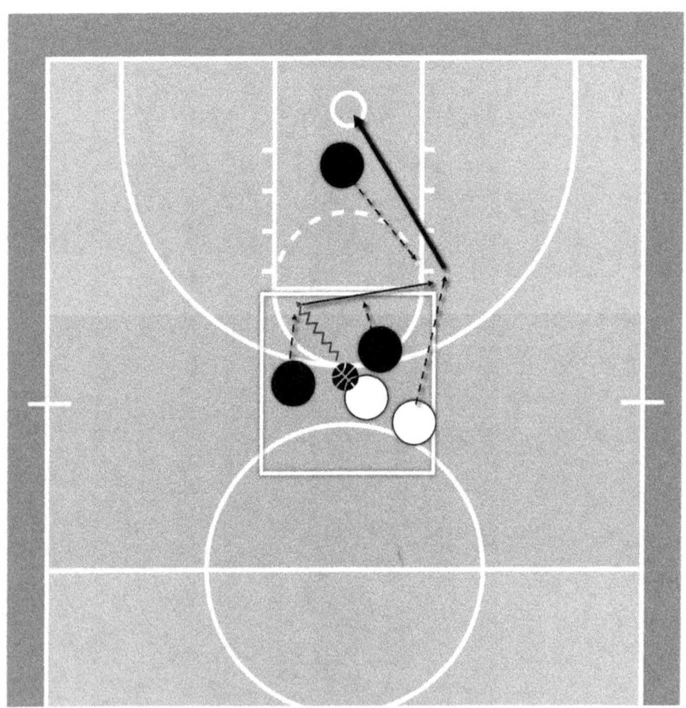

Tarea N° 41	Objetivo Principal	Mejora de la conducción
	Jugadores	4 (2x1+1)

Explicación

Los jugadores distribuidos como en la imagen. El jugador del equipo negro tendrá el balón, cuando pierde el balón presionará con el compañero que está en la línea para que el equipo blanco no pueda atacar la canasta. El jugador del equipo blanco cuando recupera tendrá que sacar el balón conduciendo del cuadrado para atacar o pasar al compañero para que conduzca hacia la canasta.

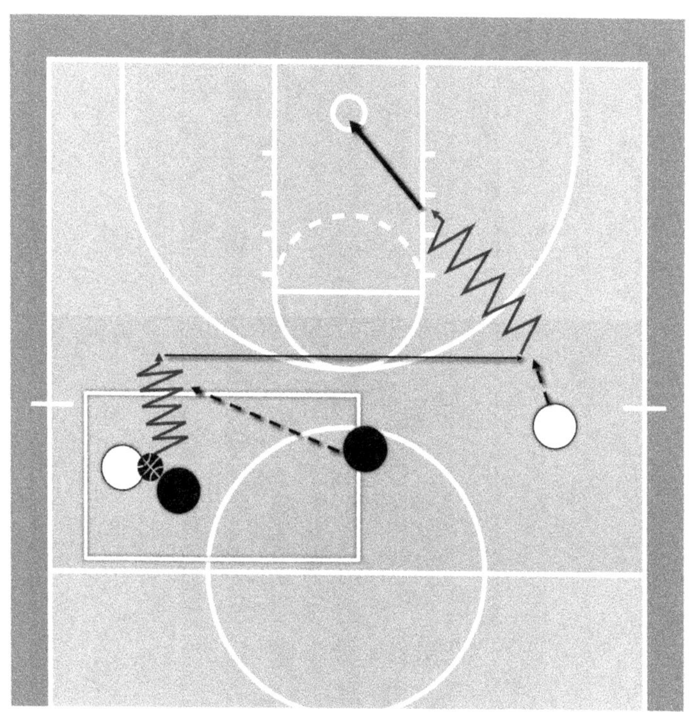

Tarea N° 42	Objetivo Principal	Mejora de la conducción
	Jugadores	6

Explicación

-62-

Los jugadores distribuidos como en la imagen. Los jugadores del equipo negro tendrán el balón, cuando recupere el jugador del equipo blanco pasará a uno de los jugadores que están sobre las líneas y conducirá hacia la canasta con la presión de los jugadores del equipo negro que intentarán impedir que se acerque para tirar.

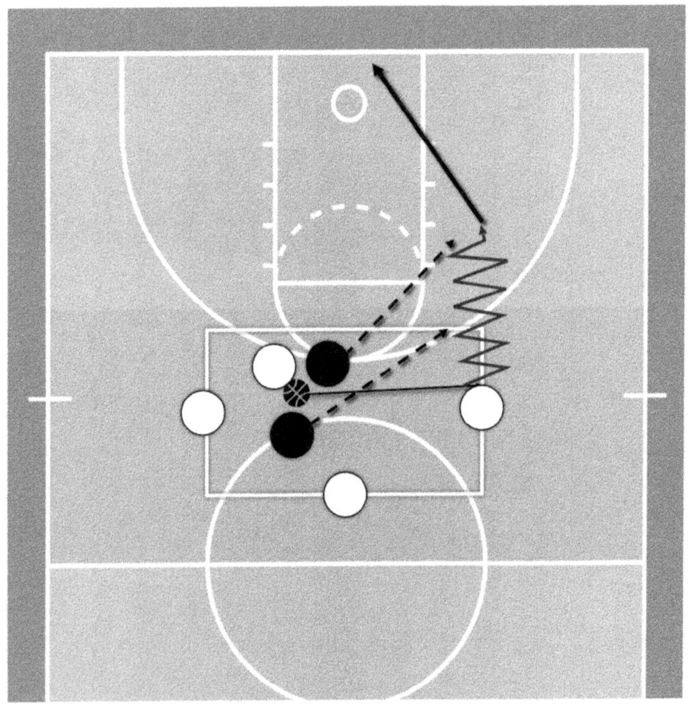

Tarea N° 43	Objetivo Principal	Mejora de la conducción
	Jugadores	12 (3x3+3+3)

Explicación

Con el campo distribuido como en la imagen y los jugadores del equipo negro sobre las líneas. El equipo blanco irá atravesando líneas de una en una conduciendo. Los jugadores sobre las líneas solo podrán obstaculizar la conducción para que no avance el otro equipo. Cada vez que pasen una línea saldrán los rivales sobrepasados, menos en la última que podrán presionar para que no tiren a canasta.

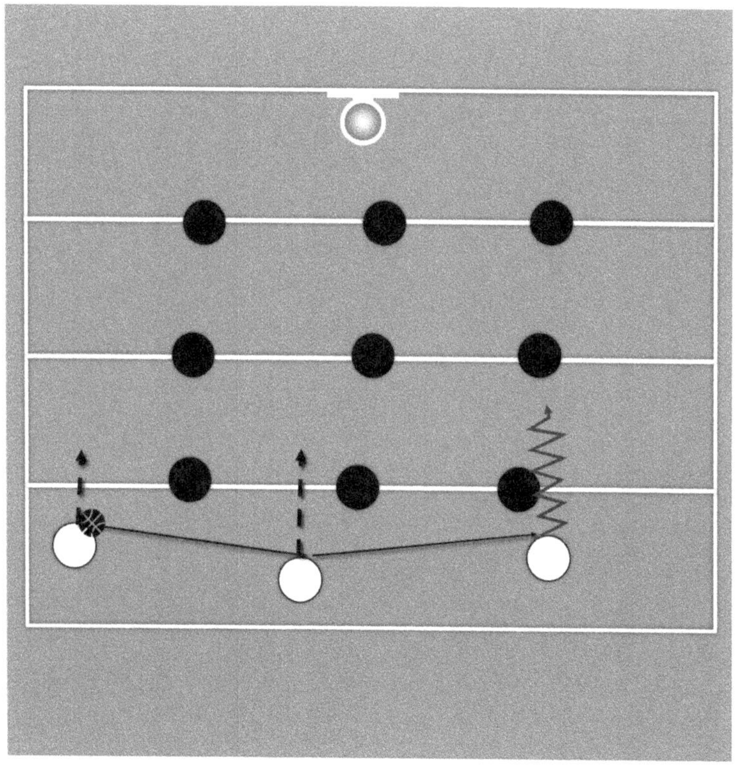

Tarea N° 44	Objetivo Principal	Mejora de la conducción
	Jugadores	13 (4x3+3+3)

Explicación

Con el campo distribuido como en la imagen y los jugadores del equipo negro sobre las líneas. El equipo blanco irá atravesando líneas de una en una conduciendo. Los jugadores sobre las líneas solo podrán obstaculizar la conducción e interceptar pases para que no avance el otro equipo. Cada vez que pasen una línea saldrán los rivales sobrepasados, menos en la última que podrán presionar para que no tiren a canasta.

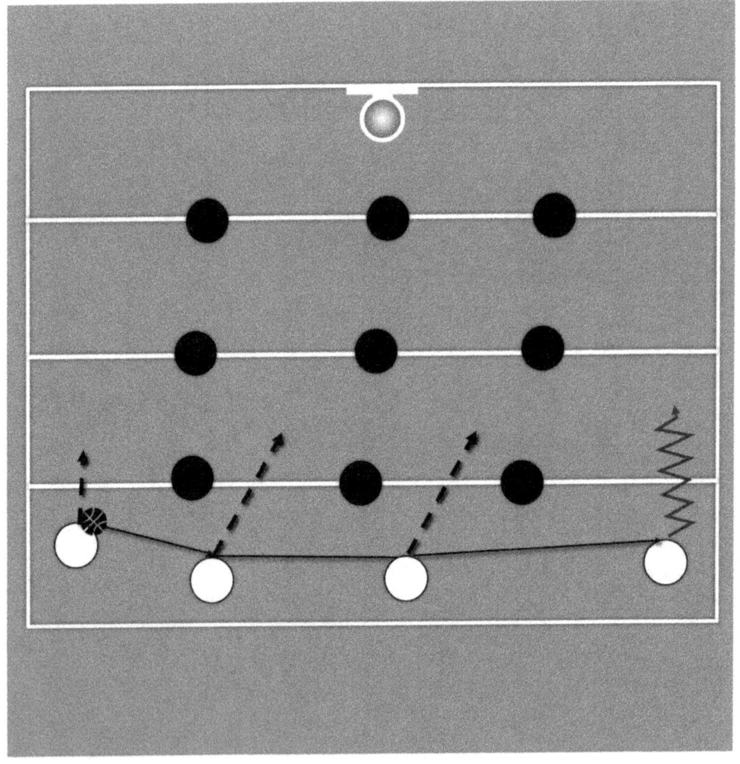

Tarea N° 45	Objetivo Principal	Mejora de la conducción
	Jugadores	18

Explicación

En un rectángulo dividido en 6 partes iguales distribuidos los jugadores como en la imagen. El equipo blanco tendrá que ir avanzando hacia la canasta pudiendo moverse los jugadores con balón a la siguiente zona conduciendo.

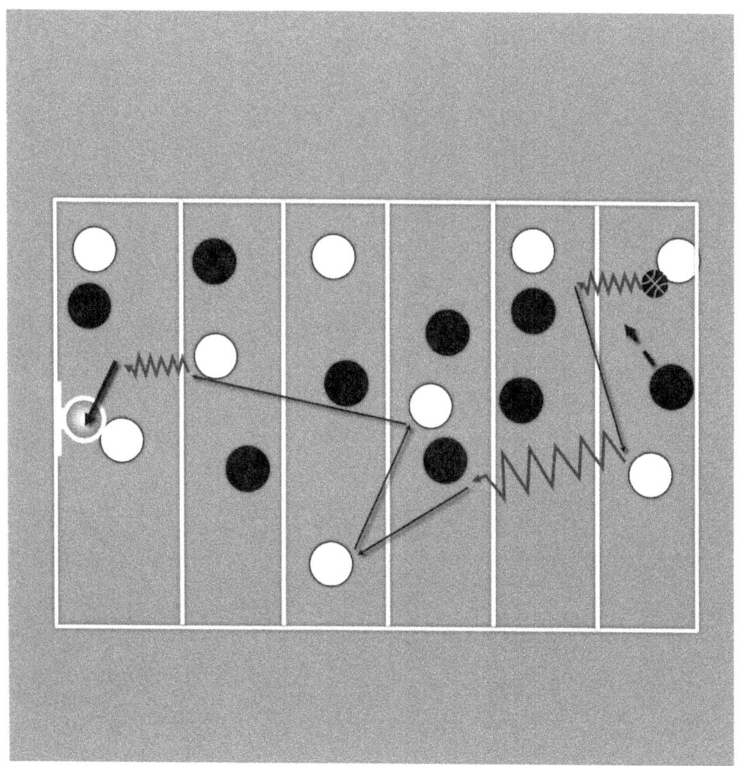

Tarea N° 46	Objetivo Principal	Mejora de la conducción
	Jugadores	8 (4x4)

Explicación

En un rectángulo dividido en dos cuadrados, los jugadores se colocan en la disposición de la imagen (cuatro contra cuatro en la mitad que no tiene canasta). Los equipos intentarán pasar conduciendo a la otra mitad para tirar a canasta. Si un jugador pasa conduciendo podrán entrar los jugadores del equipo contrario para obstaculizar la conducción y que no pueda finalizar.

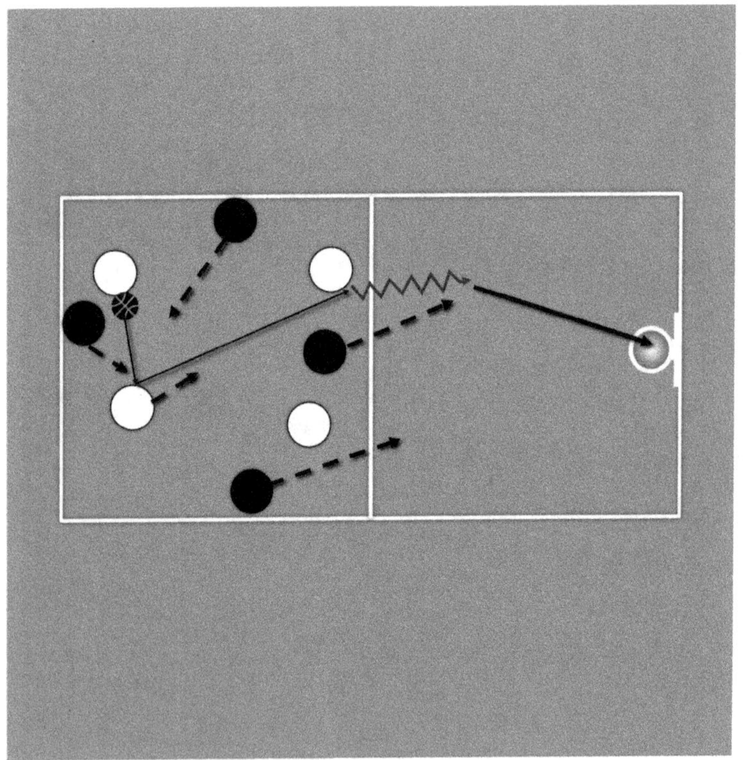

Tarea N° 47	Objetivo Principal	Mejora de la conducción
	Jugadores	10

Explicación

Los equipos cuando pierden el balón repliegan se colocan sobre la línea de zona todos los jugadores menos uno que quedará presionando por fuera. El equipo con balón intentará introducir a uno de sus jugadores conduciendo en la zona para poder finalizar.

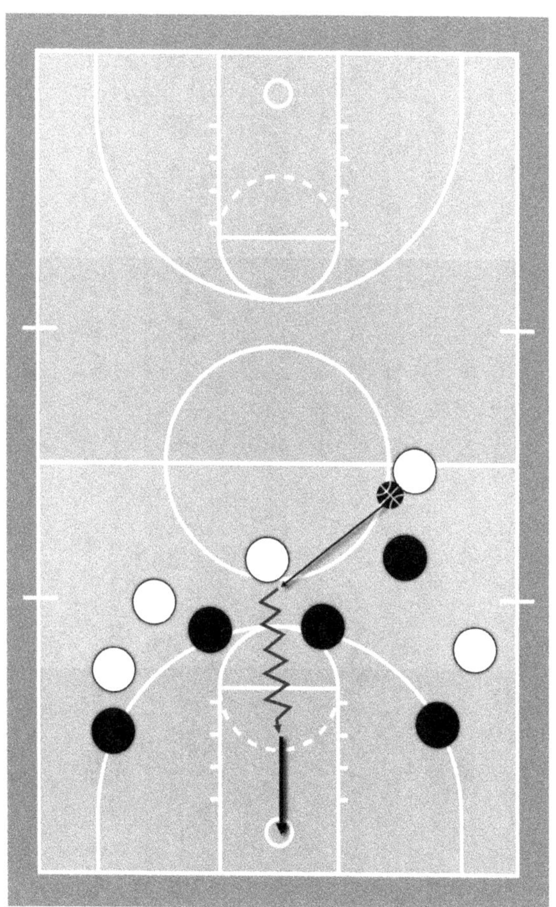

Tarea N° 48	Objetivo Principal	Mejora de la conducción
	Jugadores	10

Explicación

Los equipos cuando pierden el balón repliegan se colocan sobre la línea de zona todos los jugadores. El equipo con balón intentará introducir a uno de sus jugadores conduciendo en la zona para poder finalizar.

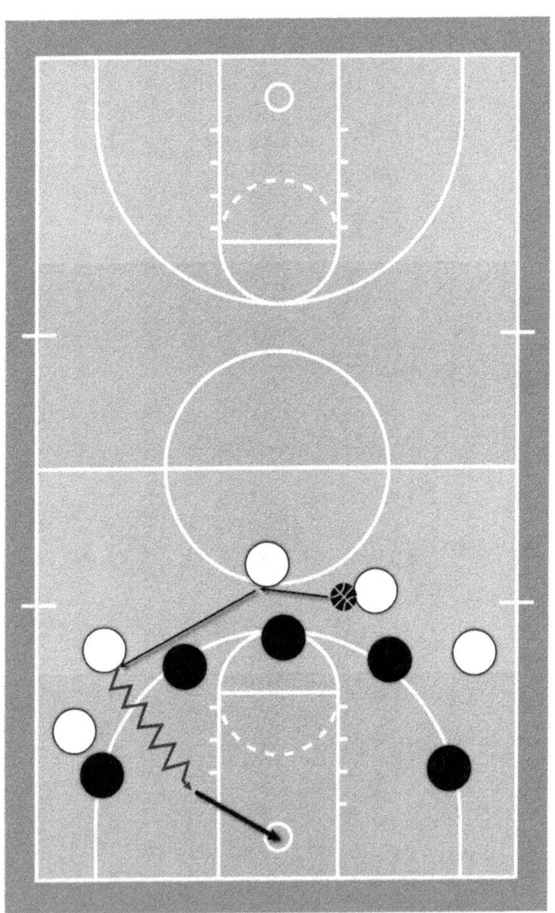

Tarea N° 49	Objetivo Principal	Mejora de la conducción
	Jugadores	6

Explicación

Los jugadores distribuidos como en la imagen. Los jugadores en situación de dos contra dos del centro intentarán atravesar conduciendo el pasillo defendido por un rival para poder finalizar los ataques.

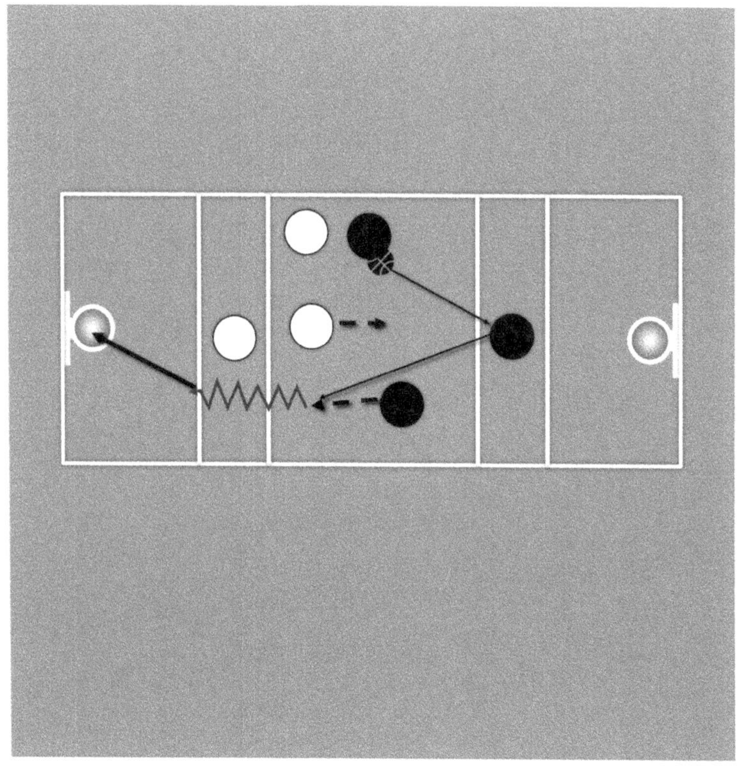

Tarea N° 50	Objetivo Principal	Mejora de la conducción
	Jugadores	8
Explicación		

En un rectángulo dividido en tres campos iguales y los jugadores distribuidos como en la imagen. Solo podrán cambiar de campo conduciendo el balón para provocar superioridad numérica, atraer contrarios, liberar compañeros y pasarles el balón cuando queden libres.

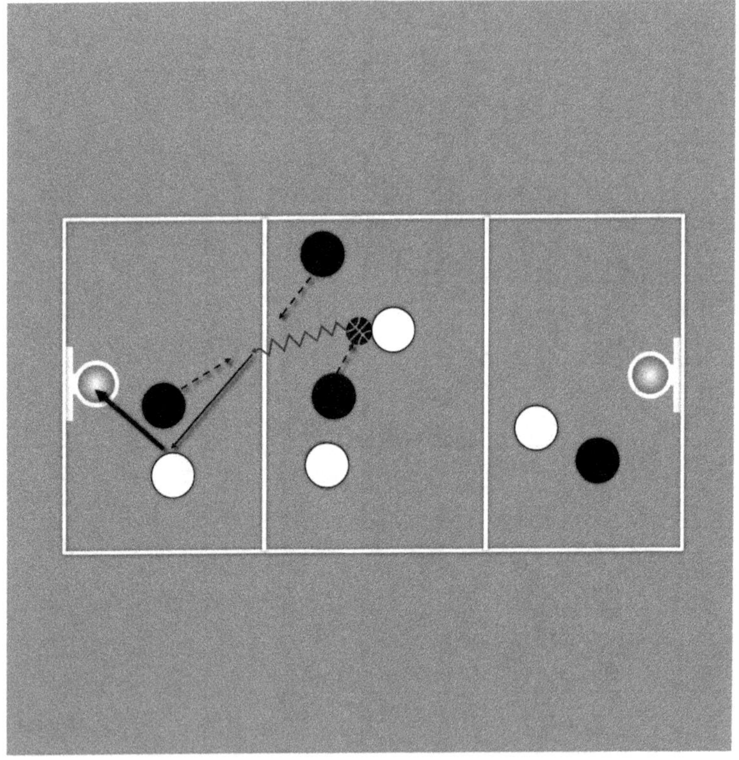

BIBLIOGRAFÍA

- Alarcón, F.; Cárdenas, D.; Clemente, V.; Collado, J. A. (Coord.); Guillén, J. C.; Jiménez, M.; Lázaro J.; Mercadé, O.; Ardoy, D. N.; Rivilla, I. y Sánchez, M. (2018): *Neurociencia, deporte y educación.* Editorial Wanceulen.

- Ballarini, F. (2016): *REC: Porqué recordamos lo que recordamos y olvidamos lo que olvidamos.* Editorial Debate.

- Bargh, J. (2018): ¿Por qué hacemos lo que hacemos?: el poder del inconsciente. Editorial Ediciones B.

- Caballero, M. (2017): *Neuroeducación de profesores y para profesores: De profesor a maestro de cabecera.* Editorial Ediciones Pirámide.

- Camacho Lazarraga, P. y Martín Barrero, P. (2019): *La enseñanza de los deportes de invasión en la educación física. Una propuesta basada en el baloncesto.* Editorial Wanceulen.

- Crespo García, Manuel J. (2020): *Neurociencia aplicada al fútbol. Propuesta práctica.* Editorial Wanceulen.

- Espar, Xesco (2010): *Jugar con el corazón: La excelencia no es suficiente.* Plataforma Editorial.

- García Nozal, J M. (2006): *Baloncesto: Ejercicios para el entrenamiento del tiro.* Editorial Wanceulen.

- García Nozal, J M. (2008): *Baloncesto: Ejercicios para el entrenamiento de la defensa y el contraataque.* Editorial Wanceulen.

- García Nozal, J M. (2008): *Baloncesto: Ejercicios para el entrenamiento del bote, rebote y pase.* Editorial Wanceulen.

- Garganta, J. y Pinto, J. en Graça, A. y Oliveira, J. (1997): *La enseñanza de los juegos Deportivos.* Editorial Paidotribo.

- Giménez Fuentes-Guerra, Francisco Javier (2003): *La formación del entrenador en la iniciación al baloncesto.* Editorial Wanceulen.

- Giménez Fuentes-Guerra, Francisco Javier y Saénz-López Buñuel, Pedro (2004): *Aspectos teóricos y prácticos de la iniciación al baloncesto.* Editorial Wanceulen.

- Gómez Ruano. M. A.; Lorenzo Calvo, A. y Da Eira Sampaio, A. J. (2010): *Estudio observacional de la competición en Baloncesto: ¿Cuáles son las posesiones más eficaces?* Editorial Wanceulen.

- Grupo IAFIDES (2020): *Neurociencia aplicada al baloncesto. Propuesta práctica.* Editorial Wanceulen.

- Ibáñez Godoy, S.; Feu, S. y García-Rubio, J. (2020): *Los procesos de formación y rendimiento en Baloncesto: Progresos científicos para su mejora.* Editorial Wanceulen.

- Jackson, Phil (2014): *Once anillos.* Editorial Roca.

- Jozami, Silvina (2019): *Potenciando tu mente deportiva. Neurociencia simple para transforma el rendimiento deportivo.* Editorial Caligrama.

- Marí, Pep (2011): Aprender de los campeones. Plataforma Editorial.

- Marí, Pep (2019): *Equipos campeones: Como convertir un buen equipo en uno mucho mejor.* Editorial Plataforma Impresa.

- Martín Barrero, A. y Camacho Lazarraga, P. (2019): *Nuevas tendencias en entrenamiento y planificación.* Editorial Wanceulen.

- Mora, F. (2014): *¿Cómo funciona el cerebro?* Alianza editorial.

- Mora, F. (2017): *Neuroeducación: sólo se puede aprender de aquello que se ama.* Alianza editorial.

- Navarro Valdivieso, F.; González Ravé, J. M. y Pablos Abella, C. (2014): *Entrenamiento Deportivo. Teoría y Práctica.* Editorial Médica Panamericana.

- Pérez, Marcial (2019): *Mente Deportiva: Entrenar el cerebro para extender los límites del rendimiento.* Autoría Editorial.

- Recuelta Candón, Amalia (2016): *El cerebro decide.* Editorial Fútbol Táctico.

- Tamorri, Stéfano (2004): *Neurociencias y deporte. Psicología deportiva. Procesos mentales del atleta.* Editorial Paidotribo.